Je dédie ce livre à la mémoire de Lena Jack,
ma grand-mère bien-aimée.

Medicine Wheel Publishing

Traduction française : Luba Markovskaia
Copyright 2022 Tous droits réservés.
Aucune partie de cette publication ne peut être reproduite, archivée ou transmise sous quelque forme
que ce soit – de façon électronique, par photocopie, par numérisation, par enregistrement ou de toute
autre façon – à moins d'obtenir une autorisation explicite.
ISBN: 9781989122990
Publié au Canada par Medicine Wheel Publishing.
Imprimé au Canada
Pour en savoir plus sur ce livre, consultez le www.medicinewheelpublishing.com

Photo en page couverture représentant la rivière Fraser par Angie Mindus
Photo en page couverture représentant Phyllis Webstad par Danielle Shack de DS Photography
Photo de famille en quatrième de couverture par Danielle Shack de DS Photography.
Photo en quatrième de couverture de Gran Lena (en bas, à droite) par Phyllis Webstad.
Photo de Gran Lena sur la page de dédicace par Phyllis Webstad.

Financé par le
gouvernement
du Canada

Funded by the
Government
of Canada

DERRIÈRE L'HISTOIRE DU CHANDAIL ORANGE

Phyllis Webstad

Un recueil de témoignages livrés par les proches de Phyllis Webstad racontant leur vie avant, pendant et après leurs expériences dans les pensionnats autochtones.

Phyllis Webstad

Phyllis Webstad (née Jack) appartient à la Nation Secwépemc (Shuswap) du nord, à la Première Nation Stswecem'c Xgat'tem (Canoe Creek/Dog Creek). Elle est d'ascendance secwépemc et européenne. Elle est née à Dog Creek et vit à Williams Lake, en Colombie-Britannique, au Canada. Aujourd'hui, Phyllis est mariée, a un fils, un beau-fils et cinq petits-enfants.

Phyllis est diplômée en administration des affaires du Nicola Valley Institute of Technology et en comptabilité de la Thompson Rivers University (TRU). Elle a reçu en 2017 le prix TRU Distinguished Alumni: Community Impact Award pour sa contribution sans précédent à la communauté à l'échelle locale, provinciale, nationale et internationale grâce à son partage de l'histoire du chandail orange.

Phyllis est la directrice générale de la Société du chandail orange et effectue des tournées partout au pays pour raconter son histoire et sensibiliser la population sur les conséquences du système des pensionnats. Elle a fait paraître deux livres, *L'histoire du chandail orange* et *Le chandail orange de Phyllis*, qui s'adressent à un jeune public. Ces livres racontent son histoire dans ses propres mots, celle de la petite Phyllis qui se fait enlever son chandail orange lors de sa première journée au pensionnat, pour ne plus jamais le revoir. Un simple chandail orange a permis d'entamer une discussion sur tous les aspects des pensionnats au Canada et ailleurs. Pour en savoir plus sur les autres livres de Phyllis Webstad, veuillez consulter la section Ressources, qui se trouve à la fin du livre.

La Société du chandail orange

La Société du chandail orange est un organisme à but non lucratif basé à Williams Lake, en Colombie-Britannique, qui est né dans la foulée des événements de 2013, et qui s'inspire de la vision de la réconciliation que promeut le Chef Fred Robbins. Le CA diversifié de la Société du chandail orange est composé de personnes dévouées à la sensibilisation sur la question des pensionnats et qui soutiennent le rayonnement de la Journée du chandail orange.

Les objectifs de la Société sont les suivants :

1) Soutenir les efforts de réconciliation autour des pensionnats autochtones ;

2) Sensibiliser la population aux effets néfastes et intergénérationnels des pensionnats sur les individus, les familles et les communautés par l'organisation d'activités ;

3) Sensibiliser la population au concept « Chaque enfant compte ».

La journée du chandail orange ne se limite pas au 30 septembre : il s'agit d'un mouvement d'éducation actif à l'année longue qui vise à sensibiliser la population aux effets persistants des pensionnats et à promouvoir la réconciliation. En participant à ce mouvement et à son rayonnement, vous contribuez à transformer la culture à l'échelle locale, nationale et personnelle. En investissant du temps, de l'énergie et des ressources dans la Journée du chandail orange, vous créez un environnement plus renseigné, solidaire et inclusif où tous croient véritablement que « chaque enfant compte ».

Pour en savoir plus sur les manières de soutenir la Société du chandail orange et ses actions, notamment en achetant des t-shirts officiels de la Journée du chandail orange, veuillez consulter le www.orangeshirtday.org.

TABLE DES MATIÈRES

Reconnaissance territoriale

Phyllis Webstad et Medicine Wheel Publishing reconnaissent que ce livre a été créé sur les territoires traditionnels des Salishes de la côte, ceux des peuples Sc'ianew, Lekwungen et T'Sou-ke, ainsi que sur ceux des Salishes du continent, les Secwépemc (Shuswap), notamment la Première Nation T'exelcemc (Williams Lake Indian Band) et la Première Nation Xatśūll (bande indienne Soda Creek).

Ce que vous devez savoir

L'histoire de Phyllis Webstad et le rayonnement de la Journée du chandail orange se poursuivent. Des milliers de personnes autochtones et allochtones se rassemblent désormais, le 30 septembre et au-delà, afin d'honorer les Survivants des pensionnats et leurs familles, et de commémorer ceux et celles qui n'ont pas survécu. L'histoire de Phyllis Webstad a inspiré tout un mouvement. Si Phyllis voyage pour donner des conférences dans des écoles, des colloques, des organismes, des entreprises, etc., de nombreuses questions vont au-delà de son expérience personnelle du pensionnat. Elle espère que ce livre, *Derrière l'histoire du chandail orange*, pourra y répondre.

Nous reconnaissons tout le courage dont doivent faire preuve les Survivants et les Survivants intergénérationnels pour partager leur vérité, et en créant ce livre, nous souhaitons aménager un espace sécuritaire pour qu'ils et elles puissent le faire.

Afin de comprendre véritablement les effets dévastateurs du système des pensionnats, il faut tendre l'oreille aux récits des Survivants et des Survivants intergénérationnels. C'est seulement en écoutant leurs histoires personnelles et en découvrant les conséquences qu'a eue l'expérience du pensionnat sur leur existence que l'on peut commencer à saisir l'ampleur des dommages. Ces vérités jettent une lumière sur notre histoire commune, une histoire qui demeurerait autrement inconnue. Comme l'exprime Phyllis elle-même,

« L'expérience et l'histoire des pensionnats ne fait pas que partie de l'histoire autochtone, elle appartient à l'histoire canadienne. Il est essentiel que les gens comprennent ce qui s'est produit dans le système des pensionnats et qu'ils en saisissent les conséquences, afin que cela ne puisse plus jamais se produire. Ce qui est oublié, souvent, se répète. »

Les vérités rassemblées dans ce livre ont été exprimées de façon authentique, dans les propres mots des Survivants et des Survivants intergénérationnels. Afin de préserver cette authenticité, les récits ont été très minimalement révisés, notamment sur le plan de la ponctuation et pour assurer leur clarté. Les propos demeurent les leurs. Ces récits ont été recueillis au cours d'une période de quatre ans, à partir de 2018. Certains ont été racontés lors d'entretiens en tête à tête, tandis que d'autres participants ont couché leurs vérités sur papier. Nous reconnaissons la difficulté de livrer ces témoignages, et les participants ont eu l'occasion d'approuver la totalité du contenu.

Les Survivants et les Survivants intergénérationnels dont vous découvrirez les récits dans ce livre sont liés de près à Phyllis Webstad et à son expérience du pensionnat. Ce livre ne représente pas l'expérience vécue de l'ensemble des Survivants et des Survivants intergénérationnels ; chacune de leurs expériences est distincte et importante.

La traduction de leurs témoignages a été réalisée de la manière la plus fidèle possible, de façon à conserver leur ton et leurs particularités.

En tendant l'oreille et en ouvrant votre cœur pour en apprendre davantage sur les récits des Survivants et des Survivants intergénérationnels des pensionnats, vous reconnaissez l'histoire véritable et vous commencez à tirer des leçons de ce passé. Peu importe à quel point cela est difficile, il s'agit du seul chemin vers la réconciliation autour des pensionnats autochtones. Comme l'exprime Phyllis Webstad,

> *« La réconciliation ne fait que commencer, et chacun a sa propre compréhension de ce que cela signifie. La vérité doit être racontée, comprise et acceptée afin que la Réconciliation devienne envisageable. »*

Tandis que vous entamez la lecture des récits de ces Survivants et les Survivants intergénérationnels, nous vous invitons à rester à l'écoute de votre cœur, de votre esprit et de vos sentiments. Si vous vous sentez triste ou troublé à la lecture de ce livre, n'hésitez pas à prendre une pause et à en parler à un parent, à un ou une enseignante, ou à tout autre adulte en qui vous avez confiance.

Lignes d'écoute canadiennes sans frais

Ligne d'écoute téléphonique nationale des pensionnats indiens
(24 heures sur 24) :
1-866-925-4419

Ligne d'écoute espoir :
1-855-242-3310

Jeunesse, j'écoute :
1-800-668-6868

Service canadien de la prévention du suicide :
1-833-456-4566

Urgences :
9-1-1

« *En écrivant ce livre, j'ai beaucoup réfléchi aux expériences et aux histoires que j'y partage. Beaucoup de choses horrifiantes ont eu lieu à cette époque, et j'ai entendu des histoires que je conserverai seulement pour les yeux de notre famille et des générations futures. Des choses horribles se sont produites dans le passé, des choses que personne ne devrait jamais traverser. Parfois, la vérité est brutale et crue. J'ai dû beaucoup censurer ce que j'écrivais en gardant en tête le groupe d'âge auquel s'adresse ce livre. Tout ce qui est décrit dans ce livre, nombreux sont les gens qui le subissent encore aujourd'hui. Je continue à prier et à espérer que nous pourrons continuer à panser les plaies du passé. Il est difficile d'être immergé au quotidien dans cette histoire, et cela a particulièrement été le cas lors de l'écriture de ce livre. Le silence tue, et c'est pourquoi j'encourage quiconque éprouve des difficultés à partager son mal-être. Appelez les lignes d'écoute que nous avons énumérées, s'il le faut. Kukstemcw (merci) d'apprendre ce que nous avons vécu, merci de votre intérêt et de votre empathie pour notre vérité.* »

~ **Phyllis Webstad**

Phyllis Webstad

Phyllis Webstad (née Jack) appartient à la Nation Secwépemc (Shuswap) du nord, à la Première Nation Stswecem'c Xgat'tem (Canoe Creek/Dog Creek). Elle est d'ascendance secwépemc et irlandaise-française. Elle est née à Dog Creek et vit à Williams Lake, en Colombie-Britannique, au Canada. À l'âge de 6 ans, elle a été emmenée pour un an au pensionnat Mission Saint-Joseph.

Suzanne Edward Jim
(l'arrière-grand-mère de Phyllis Webstad)

Suzanne Edward Jim est l'arrière-grand-mère de Phyllis Webstad. Elle est née en janvier 1880, sans doute à Canoe Creek, en Colombie-Britannique. Elle a été élevée sur le territoire traditionnel des Stswecem'c (Canoe Creek) et des Xgat'tem (Dog Creek). Sa fille cadette, Lena, lui a été enlevée et emmenée au pensionnat Mission Saint-Joseph.

Helena (Lena) Jack (née Billy)
(la grand-mère de Phyllis Webstad)

Helena Mary Theresa Billy (aussi connue sous le nom de Lena) est la grand-mère de Phyllis Webstad. Lena est née à Dog Creek, en Colombie-Britannique, le 28 septembre 1918. Lena a été emmenée au pensionnat Mission Saint-Joseph à l'âge de 6 ans et y est restée pendant une décennie. Les dix enfants de Lena lui ont été enlevés pour être emmenés au même endroit.

Rose Wilson née Jack
(la mère de Phyllis Webstad)

Rose Wilson (née Jack) est la mère de Phyllis Webstad. Rose appartient à la Première Nation Stswecem'c/Xgat'tem First Nation (Canoe Creek/Dog Creek). Elle a été emmenée au pensionnat Mission Saint-Joseph à l'âge de 6 ans, en 1954, et y est restée jusqu'à l'âge de 16 ans en 1964.

Theresa Jack
(la tante de Phyllis Webstad)

Theresa Jack est la tante de Phyllis Webstad. Elle est née en 1945, l'aînée des dix enfants de sa mère Lena, qui lui ont tous été enlevés pour être emmenés au pensionnat. Theresa a vécu au pensionnat Mission Saint-Joseph de 1952, alors âgée de 7 ans, jusqu'en 1961, alors qu'elle avait 16 ans.

Hazel Agness Jack
(la tante de Phyllis Webstad)

Hazel Agness Jack est la tante de Phyllis Webstad. Elle vient de Canoe Creek/Dog Creek Band (Stswecem'c/ Xgat'tem). Elle préfère être désignée par son deuxième prénom, Agness. Agness a été emmenée au pensionnat Mission Saint-Joseph en 1956, à l'âge de 6 ans. Une fois sur place, elle attrape la tuberculose et demeure à l'hôpital pendant quatre ans avant de retourner au pensionnat.

Jeremy Boston
(le fils de Phyllis Webstad)

Jeremy Boston est le fils de Phyllis Webstad. Jeremy est secwépemc, de Dog Creek/Canoe Creek. Jeremy a fréquenté le dernier pensionnat en opération au Canada pendant un an en 1996.

Mason and Blake Murphy
(les petits-enfants de Phyllis Webstad)

Mason Murphy, 12 ans, et Blake Murphy, 17 ans, sont les petits-enfants de Phyllis Webstad. Ils sont d'origines secwépemc, chilotine et chinoise, et sont nés à Dog Creek/Canoe Creek. Mason et Blake sont la sixième génération de la famille de Phyllis Webstad à apparaître dans *Derrière l'histoire du chandail orange*.

Phyllis Webstad

Je m'appelle Phyllis Webstad (née Jack) et j'appartiens à la Nation Secwépemc (Shuswap) du nord, de la Première Nation Stswecem'c Xgat'tem (bande indienne Canoe Creek). Je suis d'ascendance secwépemc et irlandaise-française. Je suis née à Dog Creek et je vis à Williams Lake, en Colombie-Britannique, au Canada.

La vie avant le pensionnat

« Je m'appelle Phyllis Mabel Celestine Jack White. » C'est comme ça que je me présentais quand j'étais petite. J'ajoutais « White » à mon nom de famille, car je ne savais pas qui était mon père. Je savais seulement que c'était un homme blanc, donc c'était ma seule manière de tisser un lien avec lui. Je me suis souvent sentie rejetée et traitée différemment à cause de la couleur de ma peau, mais j'ai compris seulement beaucoup plus tard, en vieillissant, que ma peau était plus pâle parce qu'il était blanc.

J'ai vécu avec ma grand-mère sur la réserve Dog Creek jusqu'à l'âge de 10 ans, puis ma tante Agness Jack m'a emmenée avec elle.

Je suis née dans la maison de ma grand-mère le 13 juillet 1967. Ma tante Theresa raconte : « Nous étions sur le mont Tske7 (la montagne qui s'élève à Dog Creek), en train de cueillir des fraises, c'était le mois de juillet, nous dormions dans des cabanes de fortune appartenant à la scierie. Ta mère m'a réveillée et m'a dit qu'elle était en train d'accoucher. Je lui ai dit de marcher, que ça l'aiderait, puis je me suis rendormie. Enfin, quelqu'un m'a réveillé pour me dire d'aller chercher l'équipage. J'ai dû me servir d'une lampe de poche pour le trouver. Le clair de lune m'a aidée. Nous avions mis des cloches sur les chevaux, alors ils étaient faciles à repérer. J'ai dû monter à cheval et mener l'équipage vers la maison, à Dog Creek. J'étais l'infirmière communautaire, alors quand nous sommes arrivés, je me suis affairée à tout préparer et à faire bouillir les ciseaux et le tissu. » Des années plus tard, ma mère m'a dit que son père, Francis, était resté assis à l'extérieur de la porte, à attendre mon arrivée, car il insistait pour être le premier à me prendre dans ses bras. Cette pensée me réconfortait sur la voie de la guérison, à des moments où je pensais que personne ne m'aimait.

Quand je suis née, Theresa dit qu'elle a noué le nombril et a annoncé à ma mère : « C'est un garçon ! » Ma mère a dit qu'elle m'appellerait Antoine. Ce n'est qu'en me lavant qu'elle s'est rendu compte de son erreur et a dit à ma mère : « Ah non, c'est une fille, pas un garçon ! » Après cela, Theresa m'appelait « petit Antoine », et ma mère se fâchait contre elle.

Il a fallu attendre 1984 avant d'avoir de l'électricité à Dog Creek. L'eau se rendait seulement dans l'évier, donc les couches étaient lavées à la main. Notre toilette était une latrine extérieure. Nous n'avions pas de papier de toilette, seulement des feuilles du catalogue Sears frottées ensemble pour les adoucir et des emballages d'oranges japonaises à Noël.

Notre moyen de transport, c'était un chariot tiré par un équipage de chevaux. Je disais à mon grand-père Francis, que j'appelais « papa », comme tout le monde : « Papa, allons faire lop lop. » Je suppose qu'à mes oreilles, les harnais et les sabots faisaient « lop lop ». J'ai beaucoup de beaux souvenirs et d'histoires associés à ce chariot.

Je me souviens qu'on allait à la rivière Fraser à dos de cheval, avec ma tante Theresa, pêcher du saumon sockeye, à un endroit qu'on appelait « *straight down* ». Pour se rendre à la rivière, il y avait une longue côte escarpée, accessible seulement à cheval. Elle m'attachait derrière elle sur le cheval. On restait là jusqu'aux petites heures du matin. Je me trouvais une « pierre molle » pour dormir. Une fois, notre cheval s'est détaché, et on a dû rentrer à pied. Une autre fois, alors que j'avais environ quinze ans, j'ai compté 25 cavaliers en train de descendre pêcher à la rivière en même temps. Je ne suis pas montée à cheval depuis l'adolescence, mais j'en garde de très bons souvenirs.

Je savais toujours qu'il était temps d'aller au village quand Grand-maman faisait un feu pour chauffer de l'eau et laver les vêtements, et nous sommait de prendre un bain dans une baignoire près du feu. Si on frappait à la porte pendant le bain, quelqu'un attrapait la poignée de la baignoire et nous projetait dans la chambre la plus proche pour qu'on y termine nos ablutions.

La plupart des gens sur la réserve n'avaient pas de voiture ni de camion, et donc le propriétaire du magasin général de Dog Creek a acheté un autobus Bluebird, qu'on appelait The Stage. Je savais que c'était un Bluebird parce que je me rappelle avoir lu son nom en boucle en chemin vers le village. J'avais une peur bleue des véhicules à moteur. Je m'asseyais derrière le chauffeur d'autobus et j'agrippais la rampe de mes deux mains. Je croyais qu'en la retenant assez fort, je pourrais contrôler la trajectoire de l'autobus et éviter que nous prenions le champ.

Je n'ai jamais su pourquoi cet autobus bleu était surnommé *The Stage*, jusqu'à ce que je fasse une recherche sur Google pendant l'écriture de *L'histoire du chandail orange*. Dog Creek est situé près de la rivière Fraser et de la route de la ruée vers l'or. Pour transporter des personnes et des vivres sur cette route à la fin du xixe siècle, on utilisait des diligences, ou stage coaches. Alors les gens de la réserve ont associé l'autobus bleu aux diligences et l'ont surnommé *The Stage*.

L'été, chez Grand-maman, ça grouillait d'activité : il fallait planter, récolter, chasser et pêcher. Dans la chaleur de l'été, on s'amusait à jouer dans l'eau d'irrigation. Elle remplissait une baignoire d'eau (probablement celle dans laquelle on se lavait) et la plaçait au bout de la rangée. L'eau s'écoulait de l'évier de la maison vers la baignoire à travers un boyau. Pour assurer sa survie, Grand-maman avait plusieurs jardins. Elle faisait pousser de la nourriture et entreposait les récoltes dans son cellier afin de passer l'hiver. Le poisson et la viande de cerf et d'original étaient séchés et entreposés également. À l'époque des ancêtres, on appelait ces celliers souterrains des « caches ».

L'un de mes mets traditionnels favoris est le jus de sxusem, ou de baies de shépherdie. Pour faire le jus, il faut les récolter, les nettoyer, les faire bouillir, puis les presser pour obtenir le jus, qu'on filtre et qu'on sépare dans différents pots pour utilisation future – c'est tout un boulot ! Chaque fois que je fais du jus de sxusem, je me rends compte à quel point ma grand-mère avait des mains énormes. Il faut beaucoup de force pour en tirer tout le jus. J'ai tenté de le faire avec des machines à jus modernes, mais je trouve qu'elles génèrent trop de gaspillage. C'est une tâche que de nombreuses générations ont accomplie. En plus de faire du jus de sxusem, Grand-maman tannait des peaux, en particulier des peaux de cerf, et fabriquait des gants et des vestes brodées de billes. Elle gagnait de l'argent en vendant ses gants, ses vestes et ses manteaux ornés de broderies au magasin général de Dog Creek.

Enfant, je passais mes étés au bord de la rivière Fraser, à sécher du poisson avec les membres de ma famille élargie. À l'époque, on n'avait pas le droit de se laver les mains ni de tremper aucune autre partie du corps dans l'eau. L'idée était que les poissons pourraient sentir l'être humain et refuser de s'approcher de la rive. Je pense qu'à cette époque-là, les gens comptaient sur le saumon pour se nourrir, et s'il n'y en avait pas, c'était la faim. On ne pouvait pas aller faire l'épicerie.

Pour nous, le territoire est ce qui nous nourrit et nous garde tous en vie : les êtres humains comme les poissons ou les bêtes à quatre pattes. On ne gaspillait jamais aucune partie de l'animal. J'ai souvent entendu des gens appeler la terre, et donc le territoire, « Terre Mère », au féminin, comme une donneuse de vie. Terre Mère nous donne ses baies, ses poissons et ses animaux pour nous nourrir et nous habiller.

Ma mère

Je n'ai jamais vécu avec ma mère. Je me souviens de ses allées et venues dans la maison de Grand-maman à Dog Creek, au fil des années, mais elle ne m'emmenait jamais avec elle. Son histoire se trouve dans ce livre. Les élèves me demandent souvent où elle était, alors il m'a semblé important de raconter sa vie et de l'inclure ici.

Maman m'a eue à l'âge de vingt ans. Dernièrement, elle m'a raconté que lorsque j'avais trois mois, un agent indien lui avait remis une lettre qui lui ordonnait de quitter la réserve pour trouver du travail, car elle ne recevrait pas d'aide financière pour nous soutenir, elle et moi. L'agent indien avait plus d'autorité que le Chef ou les Matriarches ; il fallait faire ce qu'il disait sous peine d'emprisonnement. Ma mère a été essentiellement jetée dehors du camp de réfugiés, expulsée dans un monde qui n'acceptait pas les Autochtones. Maman m'a dit qu'au pensionnat, on n'était pas diplômé après la 12e année, comme aujourd'hui. Le pensionnat, c'était de 6 à 16 ans, et il y avait dix années en tout. Donc elle avait l'équivalent d'une 10e année, ou d'un secondaire 5, et elle n'avait même pas assez confiance en elle pour décrocher un emploi de serveuse. Comme d'autres personnes de notre réserve, elle a fini par aller travailler aux États-Unis, dans les conserveries, ou encore en Okanagan, cueillir des fruits.

Mes pères

J'ai rencontré l'homme qui m'a reconnue comme sa fille lorsque j'avais 21 ans. Je l'appelle Dad John, parce que pendant trois décennies, j'ai cru que c'était mon père. À l'aide d'un test d'ADN, j'ai découvert récemment que ce n'était pas mon père biologique. Je me souviens du jour où je l'ai appris. C'était le 7 juillet 2017, le jour même où on nous a évacués en raison des feux de forêt. Je me souviens que j'étais au travail et qu'en prenant mes courriels, j'ai vu le résultat du test, tandis qu'en même temps, on m'appelait pour dire qu'il y avait un incendie sur la colline. J'ai subi un choc, et j'ai mis du temps à m'en remettre.

J'ai trouvé mon père biologique et je l'ai rencontré le 22 décembre

2018, à Kamloops. J'ai aussi rencontré tous mes frères et sœurs biologiques. Dad Jack se tient debout derrière moi dans toutes les photos de famille contenues dans ce livre.

Ça a été un choc aussi pour Dad John. En août 2019, il est venu me rendre visite de Calgary et il nous a amenés souper chez Denny's, mon mari Shawn et moi. Il est venu me dire qu'il voulait demeurer mon père, si je l'acceptais. Je lui ai dit qu'il serait toujours mon père, le grand-papa de mon fils et l'arrière-grand-père de mes petits-enfants ; il est mon père depuis que j'ai 21 ans.

La vie au pensionnat

J'ai atteint l'âge scolaire, 6 ans, en juillet 1973. Comme bien d'autres enfants, j'avais besoin de quelque chose à porter pour la rentrée. Grand-maman et moi sommes montées à bord du Stage pour aller au village m'acheter de nouveaux vêtements pour l'école. J'ai choisi un chandail orange vif avec un lacet à l'avant. Sa couleur était éclatante et joyeuse, tout comme je l'étais à l'idée de commencer l'école.

Si on m'a expliqué ce qui allait se produire, je ne m'en souviens pas. Et même si on me l'avait dit, ça n'aurait rien changé : tout ce que je savais, c'était que j'étais désormais assez grande pour aller à l'école, et que c'était ce que je souhaitais.

Je me souviens du matin où ma cousine et moi avons enfilé nos nouveaux vêtements. On sautait sur le lit, excitées à l'idée d'aller à l'école. On a pris le Stage pour se rendre à la Mission, à environ deux heures de route.

Je me souviens de mon arrivée à la Mission. Le bâtiment était immense, le plus grand que j'avais jamais vu. Je me souviens des pleurs et du sentiment de terreur, c'était terrifiant au point de faire pipi dans ses culottes ! Quand mes vêtements, y compris mon nouveau chandail orange, m'ont été enlevés, j'ai demandé à les ravoir, mais peu importe à quel point je protestais, on ne m'écoutait pas. C'est là que j'ai commencé à me sentir comme si je n'avais pas d'importance. Ils nous ont fait prendre une douche – encore plus de terreur. Chez Grand-maman, je prenais mon bain près du foyer. Je n'avais jamais vu de l'eau sortir des murs. Tous les petits enfants étaient terrifiés et pleuraient. On avait chacun son lit, et ces lits étaient disposés en rangées. Il y avait une salle de bains avec beaucoup de toilettes et de lavabos.

La Mission était l'endroit où on dormait et mangeait. Quand j'y suis arrivée en 1973, il y avait 272 élèves en tout, garçons et filles. Tous les élèves montaient à bord de différents autobus en partance pour Williams Lake, où se trouvait l'école publique, à une vingtaine de minutes de là. J'étais déroutée : je pensais qu'on était déjà à l'école. Ils nous ont fait monter à bord d'un autobus orange pour nous reconduire en ville. Quand ma cousine s'est levée pour aller à l'école, je me suis mise debout pour la suivre, et ils m'ont arrêtée. Encore de la terreur ! Je n'y comprenais rien. Je ne comprenais pas pourquoi je n'avais pas le droit de descendre avec elle. Ils m'ont envoyée à une autre école primaire que la sienne – c'était l'arrêt suivant. J'aimais bien mon enseignante, là-bas. Elle avait des cheveux roux frisés en bataille, elle sentait bon et elle était bienveillante – j'aurais voulu qu'elle me ramène chez elle.

Mes souvenirs de cette école publique sont surtout associés à l'odeur qui y régnait, sans doute celle des produits nettoyants. Je me souviens aussi que je ne voulais pas aller dehors parce que mes pantalons étaient rouges avec un motif de fraises. Je restais devant la porte et je refusais de sortir, parce que je voyais que dans la cour, il y avait plein de pantalons comme les miens, et je ne voulais pas être comme les autres.

L'un de mes bons souvenirs, c'était ma cousine qui montait à bord de l'autobus à la fin de la journée et qui distribuait l'ail des bois qu'elle avait récolté sur le terrain de son école. Sur le chemin du retour vers la Mission, on chantait : « *We are the missions, mighty mighty missions, everywhere we go-oh, people wanna know-oh, who we are…so we tell them…we are the missions* », en boucle.

Je me souviens qu'on allait à l'église, qui était sur le site de la Mission. C'est le seul uniforme qui me revient à l'esprit, et c'était une robe courte. J'avais l'impression qu'elle était trop serrée, alors je me déplaçais à petits pas, craignant de trop bouger ou de me pencher, de peur de dévoiler mes fesses. Je détestais aller à l'église à cause de ça. Les filles étaient assises à gauche, et les garçons, à droite.

C'est à ce moment-là que je me suis rendu compte que j'étais seule au monde, que ma vie m'appartenait, qu'il ne fallait jamais que je demande d'aide, que c'était à moi de me débrouiller, que je ne pouvais compter sur personne. (Ces croyances, je les ai portées en moi toute ma vie… j'ai permis aux autres de me traiter comme si je ne valais rien, et c'est comme ça que je me suis traitée moi-même. Encore aujourd'hui, c'est difficile pour moi de demander de l'aide.)

Il y avait une fillette autochtone de mon âge qui prenait l'autobus avec nous, mais qui rentrait à la maison (elle vivait près de la Mission, sur le même terrain), chez ses parents. Je la détestais – on la détestait tous.

Qu'est-ce qu'elle avait de si particulier ? Elle portait des vêtements « normaux ».

Une fois, l'une de mes tantes est venue me rendre visite à l'école publique. Je me souviens que quelqu'un est venu me chercher pour m'amener jusqu'à elle, dans une zone où on n'avait jamais le droit d'aller (je sais maintenant que c'étaient les bâtiments administratifs de la commission scolaire). J'étais tellement contente de la voir et je me suis sentie fébrile et pleine d'espoir. Elle a dû me rassurer, car c'est un bon souvenir. Je n'ai pas pleuré quand elle est partie, donc je suppose qu'elle a dû me réprimander. Je crois me souvenir qu'elle m'a dit qu'elle travaillait là et qu'elle allait garder un œil sur moi. Je me souviens qu'elle s'était agenouillée pour m'accueillir et me parler, et je me suis sentie importante.

J'ai dû vraiment me creuser la tête pour me rappeler des souvenirs joyeux ou heureux à la Mission. Je me souviens surtout que je pleurais, que je me sentais seule et que personne ne se souciait de moi ni des autres enfants. On s'endormait en larmes chaque soir et personne ne venait jamais nous réconforter.

Je me souviens d'une femme autochtone qui travaillait là et qui était gentille avec moi. Elle avait des cheveux longs et un visage bienveillant. À l'époque, je ne connaissais pas son nom, mais depuis, je l'ai revue et j'ai appris qu'elle s'appelait Gloria Manuel. Gloria se rappelle encore notre première rencontre, alors que je n'avais que 6 ans, et elle la raconte ainsi :

« *Je venais d'avoir 18 ans et je travaillais dans la cuisine. On était en train de faire le ménage de la salle à manger et de préparer les choses pour le lendemain. Je l'ai vue [Phyllis] passer, et elle était impossible à manquer. J'ai remarqué que son visage était très rouge et qu'elle marchait lentement. Je lui ai demandé si elle était malade, et elle a dit "Ouais". Elle a poursuivi son chemin, parce que les vendredis soir, ils regardaient des films, et elle se dirigeait de la section des filles vers celle des garçons. Je suis allée voir sa surveillante et je lui ai dit que j'avais vu Phyllis et qu'elle était malade. Peu de temps après, elle a fait sortir Phyllis et l'a probablement emmenée à l'infirmerie. Après ça, je voyais Phyllis dans les parages et je lui parlais, des choses toutes simples comme "Comment tu t'appelles?", et elle répondait de son nom complet, elle était tellement adorable. Je la voyais passer et je lui disais "bonjour", et elle s'est mise à prendre de l'assurance et à me répondre.* »

-Gloria Manuel

Un autre de mes bons souvenirs est le moment où on se mettait en file pour la cantine, pour obtenir des bonbons. Je ne suis pas certaine du fonctionnement de l'opération, mais on recevait des bonbons, à l'occasion. Je ne sais plus à quelle fréquence c'était, mais je me rappelle ces moments, assise en file, fébrile à l'idée de recevoir le peu de bonbons qu'on nous donnait.

La nourriture était différente de celle à laquelle j'avais été habituée à la maison, avec Grand-maman. Je me rappelle avoir mangé des œufs. Dans la salle à manger, les garçons et les filles étaient à part. Je me rappelle du bruit collectif produit par notre épluchage des œufs. Je me rappelle avoir mangé du poisson qui sentait fort et qui n'était pas du saumon, et des fèves aux drôles de formes et à la texture pâteuse, peut-être des fèves rouges. Quand j'ai raconté à ma grand-mère l'histoire du bruit assourdissant des coquilles d'œufs, elle s'est exclamée, incrédule : « Tu avais des œufs ?! » Chaque fois que je raconte cette histoire, ça me brise le cœur de savoir que pendant toutes ses années à la Mission, Grand-maman n'a jamais mangé un seul œuf.

Je ne me rappelle pas avoir récupéré mon chandail, ni être rentrée après la fin des classes.

Même si la Mission est demeurée ouverte jusqu'en 1981, je n'y suis plus retournée. Une école publique a ouvert ses portes à cinq minutes de marche de chez ma grand-mère, alors je suis allée là. C'était une école de rang à une seule pièce où allaient les enfants de la réserve, ceux du propriétaire du magasin général et ceux des éleveurs. Cette école-là existe toujours.

Mon expérience d'un an à la Mission a été une partie de plaisir en comparaison avec les dix années qu'y ont passé ma grand-mère, ma mère, mes tantes et mes oncles. En 1973-1974, au moment où j'y suis allée, on avait déjà le droit de jouer dans la cour avec les garçons. Lorsque mes proches y étaient, il y avait une clôture séparant les filles des garçons. Les frères et sœurs n'avaient pas le droit de se parler, sous peine de punition sévère. Les plus grandes punitions que j'ai reçues, c'était de me sentir très seule et de devoir m'agenouiller dans un coin jusqu'à avoir mal aux genoux. Mais quand ma grand-mère et mes enfants étaient au pensionnat, les punitions étaient beaucoup plus sévères. À la fin de *L'histoire du chandail orange*, je dis : « Tous les enfants n'ont pas été aussi chanceux que moi », et c'est à ça que je pensais en écrivant cette phrase. L'éditeur voulait que je l'enlève parce qu'il trouvait que c'était « trop sombre », mais j'ai insisté pour qu'on le laisse, car c'est ma vérité et celle de ma famille.

La vie après le pensionnat

Lorsque ma tante Agness a terminé ses études universitaires à Victoria, elle est venue me chercher à la réserve pour m'emmener vivre avec elle. C'était un choc d'être loin de ma grand-mère et de la réserve : c'était ma première fois aussi loin de chez moi. Nous vivions avec un couple dans leur maison sur la rue Government. J'attendais que personne ne soit à la maison pour pleurer à chaudes larmes, car Grand-maman et la réserve me manquaient tant. C'est là que j'ai eu mes règles pour la première fois. Je ne voulais jamais laisser transparaître mes émotions, mes sentiments, et je ne voulais pas demander d'aide pour gérer ce qui m'arrivait. Je ne savais pas ce qu'étaient les menstruations, mais je n'avais pas peur. Je me suis débrouillée par moi-même. J'avais trop honte pour raconter ce que je vivais à qui que ce soit, et j'avais déjà appris que ma vie était entre mes mains, que je ne dépendais que de moi-même.

Après avoir quitté Victoria, Agness et moi sommes rentrées à Williams Lake. Ma tante avait été embauchée par le journal *Williams Lake Tribune* comme photographe et journaliste. Peu de temps après, mon fils est né.

J'avais 13,8 ans et j'étais en 8e année quand mon fils Jeremy est né. À mon 14e anniversaire, Jeremy avait 4 mois. Avec l'aide de ma tante Agness, j'ai pu l'élever et être présente dans sa vie en tant que mère. Parce que ma grand-mère et ma mère ont toutes les deux passé dix ans au pensionnat, je n'ai jamais su comment devait se comporter un parent.

Mais instinctivement, j'ai su quoi faire avec lui et comment en prendre soin. C'était comme jouer à la poupée. J'avais une poupée vivante. Je ne souhaite à personne de vivre une telle expérience. Même si j'étais en 8e année, je me suis rendu compte des années plus tard que l'idée de quitter l'école ne m'avait jamais traversé l'esprit. C'est à ma tante que je dois ça. Elle nous a élevés tous les deux, et il n'a jamais été question d'abandonner. Avec son aide, j'ai pu garder mon fils et être dans sa vie comme mère. Je n'ai jamais eu d'autres enfants, malgré mes tentatives, car j'en voulais d'autres.

Après que j'ai obtenu mon diplôme d'école secondaire à Kamloops, à l'âge de 17 ans, mon fils et moi sommes allés vivre avec son père, à Dog Creek. Nous avons déménagé à Merritt peu après pour que je puisse poursuivre mes études. J'avais 21 ans. Ma relation s'est terminée, et mon fils est retourné vivre chez ma tante, tandis que je me concentrais sur l'université.

Mon fils a terminé l'école en 2000, et pour la première fois, je me retrouvais seule, sans partenaire ni enfant à la maison. Je suis devenue une adulescente. J'ai quitté un navire en parfait état et j'ai mis le cap sur Chine. En 2003, j'ai liquidé tous mes biens, entreposé tout ce que je possédais et acheté un billet d'avion pour la Chine afin d'y enseigner l'anglais. Je n'y suis restée que trois mois, mais en rentrant, je me suis enfuie au Mexique avec un inconnu. Je suis certaine que ma famille s'inquiétait constamment pour moi. Toutes mes possessions étaient toujours entreposées, et j'ai vécu dans ma voiture pendant quelques mois. Je passais surtout du temps chez ma tante, à Dog Creek, ainsi que près de la rivière Fraser. Cet automne-là, mon chômage s'est terminé, et j'ai donc dû trouver un emploi et redevenir une adulte responsable.

Ma trajectoire de guérison

J'ai souvent tenté de m'imaginer comment était la vie de mes ancêtres secwépemc avant l'arrivée des colons européens et de tout ce qu'ils ont amené avec eux : la variole, les réserves et les pensionnats.

Pendant les premières années de sa vie, ma grand-mère a vécu dans une maison semi-souterraine. C'étaient des maisons creusées dans le sol et recouvertes de terre. Le toit était recouvert d'herbe et troué pour que la fumée s'en échappe. Il y faisait frais en été, mais c'étaient surtout des habitations d'hiver.

Toutes les générations de ma famille ont traversé énormément de traumatismes, et aucune n'a pu en guérir complètement. D'abord, il y a eu l'épidémie de variole, puis le déplacement forcé vers les réserves, puis la vie dans les pensionnats.

J'ai grandi sans connaître ma propre histoire, à me demander pourquoi j'avais toujours l'impression d'être folle. Je savais que quelque chose n'allait pas, mais je ne savais pas comment ça s'appelait et ni quoi faire pour le régler. Personne ne m'a jamais expliqué ce qui se passait et pourquoi. Je me sentais simplement folle et dissociée de mon corps. Après avoir accouché de Jeremy, je me souviens que sous la douche, je me lavais un bras et je me répétais : « Ceci est mon bras », et puis je me lavais la jambe et je me disais : « Ceci est ma jambe ».

J'étais perdue et déroutée. Je n'avais pas le vocabulaire pour décrire ma vie et je ne savais pas comment m'y prendre pour l'améliorer. Je me concentrais entièrement sur les autres. Je ne savais rien de qui j'étais, de ce que je pensais, de ce que j'aimais et de la façon dont je me sentais, et je m'apitoyais sur moi-même.

À la Mission, puis chez Agness, j'avais hâte d'aller me coucher parce que c'était le moment où je pouvais aller où je voulais. Mon corps restait dans le lit, mais mon esprit voyageait où bon lui semblait. Je faisais souvent du somnambulisme et des cauchemars. Ma tante Theresa m'a raconté que quand on campait au bord de la rivière, elle attachait mes pieds aux siens pour se réveiller si jamais je tentais de me lever dans mon sommeil. Depuis, j'ai appris un autre mot pour décrire tout ça : la dissociation.

En 1994, quand j'avais 27 ans, j'ai entamé ma voie vers la guérison en me rendant au Round Lake Treatment Centre pour m'y faire soigner. Là, j'ai appris que ce n'était pas sain de me concentrer autant sur la vie des autres et que je devais me recentrer sur moi-même. J'ai appris que j'avais été abandonnée, non seulement physiquement, mais émotionnellement. Une bonne partie de mon travail dans la hutte à sudation était axée là-dessus. J'ai grandi sans parents, et ça m'a affectée de toutes sortes de façons.

Je n'avais jamais fait d'exercice, mais à Round Lake, j'ai appris que j'en avais besoin. J'ai appris que j'aimais faire des marches. Celles-ci m'aidaient sur le plan physique, à mieux dormir et à me sentir plus solide sur le plan émotionnel, et c'était du temps que je prenais pour prier. J'appelais ça mes promenades de « réalité ». À chaque pas, je répétais R-É-A-L-I-T-É, sans arrêt. Je me sentais comme une autruche, la tête dans le sable. Ma tête était enfouie, et c'étaient mes fesses à l'air qui faisaient face au monde. Je me suis rendu compte que ma guérison dépendait de ma capacité à affronter la réalité de ma vie. C'était la première étape.

Au début de mon processus de guérison, je ne pouvais pas prononcer mon nom sans pleurer. Je disais : « Je m'appelle Phy... » et j'éclatais en sanglots. Au fil des années, j'ai appris que mon trauma était une accumulation de tous les coups qu'avaient reçus dans le passé les différentes générations de ma famille, ainsi que des blessures que j'avais moi-même subies, au pensionnat et par la suite. Ces plaies-là n'avaient jamais été soignées. Nous étions tous en mode survie, sans vraiment nous en rendre compte.

Deux ans après le début de mon cheminement vers la guérison, en 1996, mon fils Jeremy est parti faire une « école de hockey » à Duck Lake, en Saskatchewan. Nous connaissions des gens qui y avaient été, alors quand mon fils m'a demandé s'il pouvait y aller, j'étais d'accord. Si ç'avait coûté de l'argent, je n'aurais pas été en mesure de l'envoyer. Je ne me suis pas posé trop de questions, je ne me rappelle pas avoir signé quoi que ce soit. Je l'ai peut-être fait, mais en y repensant, je me rends compte à quel point mon cerveau était encore engourdi, comme dans la ouate – je n'arrivais pas à réfléchir comme il faut. Tante Agness a reconduit Jeremy à l'école. Elle m'a dit que c'était difficile de le laisser là. Quand elle est repartie, elle a conduit jusqu'à ce qu'on la perde de vue, puis elle s'est garée pour pleurer. Elle dit que ce jour-là, elle a eu un aperçu de ce que ça devait être pour sa mère Lena de voir ses enfants quitter la maison pour le pensionnat. Mon fils y a seulement passé quelques mois, avant que l'école ne ferme. Encore une fois, je ne me suis pas trop demandé pourquoi elle avait été fermée. C'est en 2007, quand le gouvernement fédéral s'est mis à compenser les Survivants, que nous avons appris qu'il s'agissait du dernier pensionnat canadien en opération. Quatre générations de ma famille ont reçu le dédommagement fédéral, qui était de 10 000 $ pour la première année et de 3000 $ pour chaque année subséquente.

J'ai beaucoup cheminé sur la voie de la guérison, en commençant par le centre Round Lake. Avant tout, je devais prendre conscience, puis accepter, puis agir – c'est ce qu'on appelle les trois « A » (*be Aware, Accept, take Action*) dans mon programme de rétablissement. J'ai appris ce qu'étaient les affirmations, qui m'ont aidé à reprogrammer mes façons de penser. Les deux que je me répète chaque soir sont : « Je suis saine et sauve » et « Je m'aime ».

Une année de prise de conscience et de changements positifs

En 2004, je suis entrée en poste au sein de mon conseil de bande en tant que Gestionnaire en éducation et j'ai passé quelques années à Dog Creek. La maison où je vivais était au même endroit que celle où je suis née et où j'ai grandi. La maison de Grand-maman avait été démolie et remplacée par une nouvelle. Je sentais que mon chemin vers la guérison m'avait conduite à la case départ, pour que je me retrouve sur les terres où tout a commencé. C'est là que je me suis rappelé mon arrière-grand-mère Suzanne. Parfois, en descendant au rez-de-chaussée, je sentais de la fumée de cigarette à peu près à l'endroit où se trouvait jadis sa chambre, et je savais qu'elle était de passage. Je la remerciais d'être revenue me voir et de veiller sur moi, et on discutait ensemble. Mon seul souvenir d'elle était qu'elle fumait dans son lit. Je me souviens qu'elle avait l'air très vieille et qu'elle sentait la fumée. Dans ma famille, certains disent qu'elle fumait comme une cheminée. J'ai entendu raconter que ma cousine et moi, on jouait à un jeu avec elle : on entrait dans sa chambre et on disait « Mé7e, Mé7e, Mé7e » [oui, oui, oui], et elle s'amusait à tenter de nous attraper avec la boucle au bout de sa canne. Depuis l'enfance, je crois au monde des esprits. Elle nous manque, et on l'aimera toujours.

Toujours en 2004, j'ai commencé à apprendre mon histoire, en commençant par l'épidémie de variole en 1862. J'ai grandi et j'ai vécu auprès de la rivière Fraser, et pourtant, je ne savais pas que notre Nation avait été réduite de trente à dix-sept bandes en seulement quatre mois, de novembre 1862 à février 1863. Huit des treize bandes décimées se trouvaient carrément dans ma cour, et pourtant, on n'en parlait jamais. Quand je l'ai appris et que j'ai demandé à ma grand-mère si elle était au courant, elle m'a simplement dit « ouais » et m'a raconté une seule histoire d'enterrement de masse, que lui avait raconté sa mère. C'était tout, on n'en reparlerait plus jamais. Je m'engage personnellement à me souvenir de ces gens, de me rappeler d'où je viens, de l'enseigner à mon fils et à mes petits-enfants. Je me suis rendu compte que quelqu'un dans chaque famille a dû survivre à la variole pour que nous soyons tous ici. J'ai appris aussi que ma famille était loin de la rivière Fraser au moment où la variole a éclaté. La famille de mon arrière-grand-mère Suzanne se trouvait dans des maisons semi-souterraines à Big Lake, aussi connu sous le nom de Gustafson Lake.

Mon premier petit-fils, Blake, est né le 11 août 2004. J'étais émerveillée ! Je voulais être la meilleure grand-mère qui soit. J'ai tellement appris avec lui. En le regardant et en constatant à quel point je l'aimais, je me suis rendu compte que bien sûr, Grand-maman m'aimait, elle aussi. En le regardant, je pensais : « Comment une grand-mère peut-elle ne pas aimer ses petits-enfants ? » C'est comme ça que j'ai compris que je me trompais en pensant qu'on ne m'avait jamais aimée. Évidemment qu'elle m'aimait !

Voici quelque chose que j'ai écrit pour Blake lors de ma pause-dîner à Dog Creek :

« Quelle bénédiction c'était de t'amener en promenade aujourd'hui. Je t'ai sorti sur mon heure de lunch, je ne voulais surtout pas te presser et j'ai fini par être 15 minutes en retard pour le travail. Ça dégèle à Dog Creek, il y a du ruissellement, de la glace, de la crasse et de la boue – mais tu te réjouissais de tout !

On ne trouvait pas ta deuxième botte de caoutchouc, alors je t'ai enfilé les bottes que ton grand-papa t'a achetées pour Noël. J'apprends toujours tellement de toi. Je mène une vie si occupée que j'en viens à oublier les merveilles de la vie. Aujourd'hui, par exemple, tu étais tellement émerveillé par les vapeurs du dégel, accroupi, à tendre l'oreille, à observer le petit ruisseau sur toute sa longueur, à examiner ses bulles, à l'écraser de ton pied, une fois de temps en temps. Et puis… la boue ! Tu raffolais de la boue, tu sautais dedans, puis tu fixais tes pieds pendant longtemps, tu contemplais tes pieds enfoncés dedans. Je me tenais sur la route, à te laisser faire, à te regarder faire ces choses-là pour la première fois – c'est une telle joie pour moi. Je n'ai jamais fait ces choses-là avec ton père, du moins pas dans mon souvenir.

En jouant dans les flaques d'eau, tu faisais de grosses éclaboussures et je t'applaudissais. J'ai tellement d'amour pour toi, mon petit-fils. En te regardant jouer, je me disais que je devais faire la même chose, enfant.

En rentrant à la maison, tes pantalons et tes souliers étaient mouillés et pleins de boue, et tes chaussettes étaient toutes trempées. Après que j'ai ôté tes pantalons, tes chaussures et tes chaussettes, tu t'es accroupi et tu as dit « froid ». Je t'ai envoyé dans la pièce avec ta Grand-maman Elsie pour qu'elle t'habille. Puis j'ai dû partir très vite et courir au travail. »

Mon fils a maintenant cinq enfants, et j'ai cinq magnifiques petits-enfants ! Je suis tellement chanceuse de les avoir ! Je suis vraiment fière de mon fils, qui travaille très fort pour faire vivre son épouse et ses enfants. Ma belle-fille reste à la maison et s'occupe des petits. J'ai appris à quel point elle était forte quand elle s'est retrouvée à l'hôpital il y a quelques années, et que les grand-mères (sa mère et moi), on s'est occupées des enfants et de la maisonnée jusqu'à son retour. C'était une très longue semaine pour nous : on n'était pas habituées de s'occuper de plusieurs petits enfants. Elle est si douée qu'elle donne l'impression que c'est facile.

Une fois adulte, j'ai cessé de passer mes étés auprès de la rivière Fraser, à pêcher et à faire sécher du poisson. Quand ma cousine et moi sommes devenues grand-mères, on a souhaité que nos petits-enfants aient les mêmes souvenirs que nous, et on a donc décidé de reprendre nos sorties de pêche annuelles en famille, chaque mois d'août. Je raconte à mes petits-enfants ce qu'on m'a transmis, et comment c'était, à l'époque, d'être une jeune fille au bord de la rivière.

Je n'avais jamais fait le lien entre mon histoire, mon cheminement vers la guérison et mon expérience du pensionnat jusqu'en 2013, quand la CVR (Commission de vérité et réconciliation) est venue à Williams Lake. C'est là que j'ai vraiment commencé à comprendre. Voici ce que j'ai écrit à cette époque : « Je comprends enfin que cette impression d'être sans valeur et insignifiante, une impression profondément ancrée en moi depuis ma première journée à la Mission, a influencé la façon dont j'ai vécu ma vie pendant de longues années. Encore aujourd'hui, même si je sais que rien n'est plus faux, je sens parfois que je n'ai pas d'importance. Même après tout le chemin que j'ai parcouru ! »

Je reçois des messages de toutes sortes de façons, comme récemment, en route vers le bureau. Dans mon journal, j'ai écrit :

« *Aujourd'hui, en chemin vers le travail, j'ai vu sur la route trois petites filles faisant la file pour prendre l'autobus, qui s'approchait d'elles avec ses clignotants rouges allumés. En les dépassant, j'ai entendu les mots "tout va bien", qui m'étaient adressés et qui ont résonné dans mon âme. Ce que j'ai vu avait déclenché un souvenir, celui du moment où j'ai pris l'autobus pour aller au pensionnat et à l'école publique, puis de tout ce qui s'en est suivi. C'était un seul petit instant, mais c'était malgré tout un moment de guérison. J'en ai eu la larme à l'œil.* »

Réflexions finales

Ce sont les élèves qui veulent en savoir plus qui m'ont motivée à écrire des livres sur mon expérience à la Mission. On me demandait d'aller dans les écoles primaires et raconter mon histoire du chandail orange, mais c'était difficile de me tenir devant des enfants et de leur raconter ce qui s'était passé. Je me suis dit que si j'avais un livre avec des images, je pourrais mieux l'expliquer. Ma motivation pour ce livre est la même. Lorsque je présente dans les écoles intermédiaires et secondaires, et que je discute avec les élèves, je constate qu'ils veulent en savoir plus sur ce que j'ai vécu. Mais j'ai passé seulement un an à la Mission, et comme je n'avais que six ans, mes souvenirs sont peu nombreux. Je me suis dit que si je demandais à d'autres membres de ma famille, à mon enseignante et à une femme qui avait été gentille avec moi de mettre par écrit leurs souvenirs liés à mon histoire du chandail orange et à la Mission, alors les élèves plus âgés pourraient en apprendre plus sur ce qui s'est passé et sur la vie dans les pensionnats.

Dès le départ, la Journée du chandail orange a été guidée par des forces divines ; je pense que c'est le cas de ma vie aussi. Je crois que mes ancêtres sont avec moi, qu'ils me donnent des forces et m'orientent à travers la vie.

Mon histoire n'est pas unique. Au moins 150 000 enfants ont fréquenté des pensionnats partout au Canada. Chacun, chacune a sa vérité, une histoire à raconter. Leurs familles ont aussi leur propre histoire. J'ai constaté que les souvenirs peuvent varier entre personnes qui ont vécu la même situation ou le même événement, et ce n'est pas grave – on a chacun droit à sa vérité. Je vous encourage à en discuter avec des Survivants et leurs familles afin d'entendre leurs vérités.

Les récits des pensionnats sont complexes pour les familles, parce que les enfants qui y sont allés ont réussi malgré tout à tirer le meilleur parti de la situation. Ce livre raconte l'histoire de plusieurs membres de la famille. Même avec toutes les mauvaises choses qui sont arrivées, lorsque nous discutons ensemble du pensionnat, il y a toujours une place pour l'humour dans nos échanges. L'humour peut guérir.

C'est épeurant, et parfois traumatisant à nouveau, de mettre au grand jour mon histoire et celles de ma famille. Nous espérons que nos vérités aideront les gens à comprendre qu'il ne s'agit pas que d'histoire autochtone, mais bien d'histoire canadienne. Les Canadiens n'ont plus aucune excuse pour ignorer l'histoire des pensionnats et les effets intergénérationnels qu'ils ont encore aujourd'hui. Je lance donc un défi à quiconque lira ce livre : partagez ce que vous avez appris avec tous ceux qui ne sont pas encore au courant.

Il est difficile de s'immerger dans ces souvenirs au quotidien, y compris lors de l'écriture de ce livre. On m'a récemment demandé comment je faisais pour m'en sortir et prendre soin de moi. Est-ce qu'il m'arrive d'avoir envie d'abandonner ? Ma réponse, c'est oui : parfois, j'ai envie de me détourner tout simplement, mais heureusement, les sentiments ne sont pas des faits. Je peux me sentir ainsi, mais je n'ai pas besoin d'agir sur cette impulsion. Je poursuivrai ma trajectoire de guérison, je prendrai la vie un jour à la fois, et je ferai toujours de mon mieux. C'est tout ce que je peux faire. La vie peut être comprise à rebours, mais doit être vécue vers l'avant : je peux parler du passé pour l'enseigner aux autres et pour nous permettre à tous de grandir, mais je ne peux pas y rester, je dois ramener mon esprit vers le présent, et je dois regarder vers l'avenir et à ce qu'il apportera.

Mon processus de guérison se poursuivra jusqu'à ce que je quitte cette terre. Si je ne maintiens pas mon programme, avec un soutien thérapeutique et un mode de vie sain, je peux vite me retrouver envahie par un nuage noir de pensées négatives. Parfois, je dois consulter un professionnel de la santé mentale, et j'encourage tout le monde de le faire au besoin.

Ce livre et les récits qu'il comporte ne visent pas à accuser les gens de quoi que ce soit ni de faire honte à qui que ce soit. Je pense que nous faisons tous de notre mieux avec ce que nous avons et ce que nous savons. Quand nous en saurons plus, nous ferons mieux.

Je veux que les gens sachent que les pensionnats ont existé, que tout cela est arrivé. Et que les conséquences intergénérationnelles durables sont bien réelles et qu'elles perdurent encore à ce jour, en 2021 . Mon arrière-grand-mère Suzanne a été de la première génération dans ma famille à avoir un enfant qui a été envoyé au pensionnat, ma grand-mère Lena, qui est une Survivante. Les dix enfants de Lena y ont été envoyés aussi, y compris ma mère Rose et mes tantes Agness et Theresa. Ainsi, ma mère et mes tantes sont à la fois des Survivantes et des Survivantes intergénérationnelles. J'y suis allée pendant un an ; je suis donc une Survivante et une Survivante intergénérationnelle. Mon fils Jeremy est aussi allé au pensionnat ; il est un Survivant et un Survivant intergénérationnel. Les cinq enfants de Jeremy, y compris mes petits-fils Blake et Mason, sont des Survivants intergénérationnels. C'est donc six générations de ma famille qui ont éprouvé les effets immédiats du système des pensionnats. Ces institutions étaient bien réelles, tout cela est arrivé.

En écrivant ce livre, j'ai beaucoup réfléchi aux expériences et aux histoires que j'y partage. Beaucoup de choses horrifiantes ont eu lieu à cette époque, et j'ai entendu des histoires que je conserverai seulement pour les yeux de notre famille et des générations futures. Des choses horribles se sont produites dans le passé, des choses que personne ne devrait jamais éprouver. Parfois, la vérité est brutale et crue. Je continue à prier et à espérer que nous poursuivrons sur la voie de la guérison des blessures du passé.

> Kukstemcw (merci) à ma famille d'être là pour moi et de me soutenir. Et merci à toi, lecteur, lectrice, de vouloir apprendre ce qui nous est arrivé, de démontrer de l'intérêt et de l'empathie envers nos vérités.
> ~ Phyllis Webstad

Suzanne Edward Jim (L'arrière grand-mère de Phyllis Webstad)

Écrit par Phyllis Webstad avec l'aide de ses tantes Theresa Jack et Agness Jack, ainsi que de sa mère Rose Wilson.

Suzanne Edward Jim est mon arrière-grand-mère. Elle est née en janvier 1880, sans doute à Canoe Creek, en Colombie-Britannique. Ses parents étaient le Chef Johnny Noriaskret, surnommé Copper Johnny, et sa mère Aspikenac, connue sous le nom de Madeleine. Suzanne a grandi sur le territoire traditionnel de Stswecem'c (Canoe Creek) et Xgat'tem (Dog Creek).

Mon arrière-grand-mère Suzanne a grandi dans une maison semi-souterraine traditionnelle secwépemc à Big Lake, aujourd'hui connu sous le nom de Gustafson Lake. Sa langue maternelle était le secwepemctsín. Elle comprenait et parlait l'anglais également.

Suzanne a été mariée deux fois. Vers 1903, elle a épousé Edward Skouetalist, son premier mari. Ils vivaient tout près du cimetière, à Dog Creek, et selon elle, c'était la raison pour laquelle ils ont perdu la plupart de leurs enfants. Leurs neuf premiers enfants n'ont pas survécu ; elle sentait que Dieu les lui prenait. Ils ont donc décidé de déménager plus loin du cimetière. C'est seulement là que les enfants ont commencé à survivre : Joe, Alfie et Felecia.

Son deuxième mari était George James Stanislas Jim, qu'elle a épousé en 1939. Ils n'ont jamais eu d'enfants. Mon arrière-grand-mère Suzanne a pris les noms de ses deux maris et est devenue connue sous le nom Suzanne Edward Jim.

La plus jeune enfant de Suzanne était ma grand-mère Helena, ou Lena, nommée ainsi en l'honneur de la tante de Suzanne. Si le père biologique de Lena était Moses Billy, c'est George qu'elle considérait comme son père. Ma tante Agness se souvient tendrement : « Ma grand-maman Suzanne aimait tellement son bébé Lena. Quand maman

Photo de l'arrière-grand-mère Suzanne Edward Jim, Photographe Inconnu.

[Lena] rendait visite à Suzanne lorsqu'elle était devenue plus vieille, Suzanne sortait en courant du wagon, toute heureuse de revoir sa Lena. Elles se tenaient et s'embrassaient, et c'est seulement après ça que kyé7e (grand-mère) Suzanne nous saluait, les autres. »

Suzanne ne buvait jamais d'alcool. Elle avait un bon sens de l'humour et était d'humeur légère. Elle aimait danser, chanter, écouter de la musique à la radio et faire du pain. Quand elle commençait à danser, tout le monde disparaissait de crainte qu'elle les oblige à danser avec elle. Elle était travaillante et adorait raconter des histoires drôles ! Son pain était délicieux. Ses enfants avaient l'habitude de se tenir dehors en attendant que le pain soit prêt. C'était une excellente cuisinière et elle préparait toujours des pommes de terre. Elle adorait le porc-épic et le lapin.

Elle avait beaucoup de potagers, grands et longs, deux à Dog Creek et deux au bord de la rivière Fraser, et même un autre dans la montagne, près de Dog Creek, qu'on appelle Tske7. Elle était très forte et dynamique. Dans ses potagers, elle faisait pousser du melon d'eau, des concombres, des pommes de terre, du maïs, des carottes et des navets, entre autres. À l'automne, lorsqu'elle avait terminé ses récoltes, elle distribuait ses légumes en gros sacs partout autour d'elle. Ma tante Theresa se demandait comment elle pouvait faire ça alors même que certaines personnes la maltraitaient. Elle partageait sa récolte avec toute la communauté, même avec ceux qui n'étaient pas gentils avec elle. Mais c'était ça, la façon de faire secwépemc : le soin et le partage. Elle aidait toujours les gens et étaient attentionnée envers tout le monde ; son cœur appartenait à tous. Même envers ses ennemis, elle n'avait pas de rancune. Quand les gens tuaient ses poulets, elle ne disait rien de mauvais à leur sujet.

Suzanne était une fervente catholique. Je pense que sa mère Madeleine en était une aussi, mais je n'en suis pas certaine. Mon arrière-grand-mère allait à l'église et connaissait les prières et les hymnes en shuswap. À l'église, elle dirigeait souvent les prières, que lui avait enseigné le père Thomas. Ma tante Theresa se souvient : « Le père Thomas avait appris notre langue et enseignait les prières et les hymnes à la plus vieille génération. Ma grand-maman Suzanne avait réellement la foi catholique, tout comme ma mère [Lena]. Je pense que c'est pour ça qu'elles ont toutes les deux vécu aussi longtemps. »

Suzanne n'est pas allée au pensionnat et ne savait ni lire ni écrire. Tante Theresa dit que Suzanne était la première mère de notre famille à voir son enfant, Lena, partir pour le pensionnat. Lorsqu'elle a atteint l'âge scolaire, Suzanne lui a donné deux chandails pour qu'elle reste au chaud en hiver. À l'école, la sœur a pris l'un des chandails pour les donner à une autre fille. De tous les enfants du Suzanne, seulement Lena est allée au pension-nat. Suzanne allait lui rendre visite à dos de cheval.

Tante Theresa raconte que Suzanne ne connaissait pas sa date d'anniversaire, alors Theresa lui a dit que c'était le 1er janvier. Depuis ce jour, chaque 1er janvier, Suzanne donnait de l'argent à Theresa pour qu'elle aille acheter une caisse d'oranges japonaises pour célébrer son anniversaire.

En 1972, Suzanne s'est cassé la hanche. Elle était en quarantaine à l'hôpital Williams Lake à cause d'une maladie qui y circulait. Personne n'avait le droit d'aller lui rendre visite. Un jour, l'hôpital a annoncé que sa famille pourrait la voir, parce qu'elle était à l'article de la mort. Mais avant qu'on ait le temps d'arriver, elle était déjà décédée. Mon arrière-grand-mère Suzanne est morte seule à l'hôpital Williams Lake le 25 décembre 1972. Elle a été enterrée au cimetière Dog Creek.

J'ai récemment trouvé les documents de baptême de Suzanne au Musée royal de la Colombie-Britannique. Il y est écrit qu'elle est née en janvier 1880, ce qui voudrait dire qu'elle avait 92 ans à sa mort en 1972. Ce sont les seuls renseignements que j'ai pu trouver sur sa naissance. Je soupçonne que la légende familiale, selon laquelle elle a vécu jusqu'à l'âge de 110 ans, va demeurer.

« *À l'automne, lorsqu'elle avait terminé ses récoltes, elle distribuait ses légumes en gros sacs partout autour d'elle. [...] Elle partageait sa récolte avec toute la communauté, même avec ceux qui n'étaient pas gentils avec elle. Mais c'était ça, la façon de faire secwépemc : le soin et le partage.* »

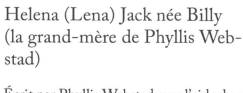

Helena (Lena) Jack née Billy (la grand-mère de Phyllis Webstad)

Écrit par Phyllis Webstad avec l'aide de ses tantes Theresa Jack et Agness Jack, ainsi que de sa mère Rose Wilson.

Helena (Lena) Mary Theresa Billy est ma grand-mère. Lena est née à Dog Creek le 28 septembre 1918. Ses parents biologiques étaient Suzanne Edward Jim et Moise/Moses Billy, surnommé Billy Schwalna, qui est mort lorsqu'elle avait 9 ans. Son beau-père était George Stanislaus Jim. Elle a été baptisée le 11 octobre 1918.

Grand-maman [Lena] vivait à Ts'Peten, ou Big Lake, comme on l'appelle ; le nom sur la carte est Gustafson Lake. Elle y vivait avec sa mère Suzanne et son beau-père George. George a bâti une maison semi-souterraine à Ts'Peten en 1925, l'année où Grand-maman est partie pour le pensionnat. Lena m'a raconté un jour qu'un homme a aidé George à couper les bûches rondes en deux, qu'ils faisaient du feu dans la maison semi-souterraine et que la fumée s'échappait par une ouverture pratiquée sur le toit. C'était surtout une maison d'hiver. Quand j'ai demandé à ma grand-mère ce qui est advenu de la maison, elle m'a répondu qu'elle ne s'en souvenait pas, ni même de l'endroit précis où elle se trouvait, à Big Lake. C'est seulement en 1940 que George a bâti une cabane hors-terre pour remplacer la maison semi-souterraine.

La première union de Lena, avec Moffat Jack, était un mariage arrangé, le dernier dans notre famille. Ils se sont mariés le 1er novembre 1936, quand Grand-maman avait 18 ans, et Moffat, 32. Le mariage a été célébré à la Mission Saint-Joseph, l'endroit même où elle avait passé dix ans au pensionnat. Ils ont eu cinq enfants, dont trois sont morts. Leurs enfants qui ont survécu sont ma tante Theresa et ma mère Rose.

Le deuxième mari de Grand-maman était Francis Camille. Ils ont eu sept enfants, dont cinq sont toujours envie, y compris ma tante Agness. Lena était enceinte de ma mère quand elle a épousé Francis, que

Photo d'Helena (Lena) Jack par Agness Jack.

ma mère a toujours appelé papa, même si c'était son beau-père.

La mère de Lena, Suzanne, était catholique, et c'est ainsi qu'elle a élevé sa fille. Les deux croyaient fermement en l'Église catholique et égrenaient tous les jours leur chapelet. Grand-maman allait à toutes les messes et chantait des hymnes. Elle faisait également des cérémonies de purification par la fumée lorsqu'elle en avait l'occasion. Elle prenait part aux rituels de sudation, qui étaient à la fois une façon de se laver et un moment de prière spirituelle.

Lena aimait jardiner. Elle avait hâte de s'y remettre chaque printemps, et elle restait forte et en santé grâce à son jardin. Elle y faisait pousser des oignons, des carottes, des navets, de la bette à carde, des haricots blancs, de la laitue, des concombres, des tomates, du maïs, du cantaloup et des pommes de terre. Je me souviens aussi que Grand-maman avait une rangée de plants de cassis, ainsi que de la rhubarbe. Elle avait plusieurs potagers à Dog Creek et le long de la rivière Fraser.

Elle aimait aussi se retrouver sur les terres avec sa famille, à voyager, à camper et à cueillir des petits fruits. Elle aimait danser – j'ai des souvenirs d'elle dansant partout dans la maison avec les bras repliés contre son corps, les coudes dans les airs. Elle avait le pas de léger, et j'adorais la regarder faire. Elle aimait aussi chanter, surtout à Noël. Nous gardons tous un souvenir ému de l'odeur de son pain, qu'elle glissait dans le four en chantant.

Grand-maman était très douce et avait un rire discret. Elle avait un excellent sens de l'humour et adorait raconter des histoires. Lorsque je lui rendais visite, je la rejoignais dans son lit, en sens inverse, et nous restions là à bavarder, à raconter des histoires et à rire. Elle réfléchissait profondément. Elle portait souvent les mains à la bouche, et c'est comme ça que je voyais qu'elle était plongée dans ses pensées. Souvent, je me surprends en train de faire le même geste.

En 1925, Lena a été emmenée à la Mission Saint-Joseph, un pensionnat géré par des catholiques. Elle avait 6 ans et allait en avoir 7 le 28 septembre. Il y a une photographie de l'époque où elle y était, où l'on voit des enfants tenir un écriteau « *Indian Mission School* ». Grand-maman s'est rendue là à dos de cheval avec sa mère. Elle était la première de notre famille à se rendre au pensionnat, et la seule des enfants de Suzanne. Sa mère savait que ses enfants devaient aller à l'école pour avoir accès à un avenir meilleur. Plus tard cette année-là, elle a traversé la campagne à dos de cheval pour rendre visite à sa fille à Pâques, pour la semaine.

Lorsque Grand-maman était au pensionnat, la moitié de la journée était consacrée à l'apprentissage de la lecture, des mathématiques et de l'écriture, et l'autre, au travail domestique. Elle a appris à coudre et à raccommoder des vêtements, à tricoter, à cuisiner et à faire du pain et des tartes. Grand-maman se souvient avoir « reprisé les chaussettes des garçons », ce qui signifiait raccommoder les trous. Ce temps-là était également passé à nettoyer le couvent et la cuisine, à faire du pain et de la lessive.

Lena était bonne couturière. Elle fabriquait des robes et tous les vêtements de ses enfants. Ils étaient cousus à la main, mais on aurait dit que les points avaient été faits par la machine. C'était à s'y méprendre. Elle prenait des sacs de farine aux imprimés floraux pour en faire des chandails et des blouses. Elle prenait un morceau de vêtement, le déchirait, le coupait à la bonne taille, puis le recousait pour qu'il fasse au prochain enfant à le porter.

Elle tricotait des gants à cinq doigts ! Elle tricotait aussi des chaussettes. Elle disait que pour elle, le tricot était comme un jeu, que c'était facile. Plus tard, elle a appris à faire du crochet, ce qu'elle appréciait également. J'ai une couverture qu'elle a crochetée pour moi. Je la garde bien rangée, en sécurité. Elle tannait le cuir d'orignal et de daim pour en faire des gants, des vestes, des manteaux et des mocassins aux motifs brodés. Parfois, elle vendait ces objets au magasin général de Dog Creek à des touristes pour faire un peu d'argent.

Un jour, j'ai demandé à ma grand-mère si elle se souvient avoir fait des sorties hors du pensionnat, et elle m'a raconté la fois où ils sont allés à la foire d'automne à Williams Lake, à l'arrière d'une bétaillère. Elle était plus âgée à ce moment-là. Elle dit que c'est la seule fois où elle est sortie du pensionnat. Elle n'est jamais allée nulle part ailleurs. Il y avait des animaux à la foire d'automne, mais pas de manèges ni de friandises. Les enfants portaient chacun un seul chandail dans le fourgon, et certains avaient si froid qu'ils n'arrivaient plus à parler.

Ma mère dit que Grand-maman ne parlait que des choses qu'elle faisait : corder du bois, faire du pain, tricoter. Tante Agness se souvient qu'un prêtre avait donné un harmonica à ma grand-mère et lui a enseigné à jouer. Grand-maman ne parlait jamais des mauvaises choses qu'elle avait vécues ou de la façon dont elle se sentait là-bas. Maman dit que sa mère devait se lever très tôt pour corder du bois et le lancer dans une ouverture sur le côté de l'édifice.

Ma grand-mère racontait toujours comment sa mère Suzanne l'a envoyée à l'école avec deux tricots. Lorsqu'elle est arrivée, les sœurs ont pris l'un de ses chandails et l'ont donné à une autre fille. C'est tout ce qu'ils avaient, un tricot, jamais un manteau, alors quand ils sortaient marcher en hiver, ils avaient très froid.

Grand-maman a quitté l'école résidentielle en 1935, à l'âge de 16 ans. Ses dix enfants sont également allés à la Mission, de même que ses deux plus vieux petits-enfants, y compris moi. Son arrière-petit-fils a aussi fréquenté le dernier pensionnat canadien à fermer ses portes, en 1996. C'est mon fils Jeremy, et son histoire se trouve aussi dans ce livre.

Grand-maman n'avait pas le choix : ses enfants lui ont été ravis lorsqu'ils ont eu 5 ou 6 ans. Chaque fois qu'elle devait les laisser partir pour le pensionnat, elle pleurait. Ses enfants lui étaient enlevés en septembre, et certains pouvaient rentrer pour deux semaines à Noël, ainsi que l'été, en juillet et en août. Puis, en 9e année, ils avaient une semaine de congé supplémentaire à Pâques. Pour les transporter à la Mission et chez eux, on les faisait monter à bord d'une bétaillère, et plus tard, d'un autobus scolaire. C'est le tenancier du magasin de Dog Creek qui a un jour arrêté le fourgon de bétail pour insister que les enfants soient mieux traités, et c'est grâce à lui que la bétaillère a été remplacée par un autobus.

Grand-maman rendait visite à ses enfants à La Mission à Pâques, et elle y restait pendant une semaine. Ses enfants aînés l'amenaient à bord d'une charrette, et ils passaient la nuit sur la route pour s'y rendre. Ils étaient hébergés dans une petite cabane en bois rond près du pavillon-dortoir où restaient les travailleurs de l'entretien, et il y avait un four à bois. Grand-maman amenait le chien de sa mère, Ringo, qui réjouissait les enfants qui jouaient avec lui. Ses enfants mangeaient dans la salle à dîner, mais passaient la journée dans la cabane avec elle, le reste du temps. Grand-maman assistait aux messes dites « spéciales ». Elle apportait du poisson et de la viande séchés pour ses enfants.

Grand-maman parlait rarement de ses sentiments ; c'était plus simple de balayer ça sous le tapis et ne plus en reparler. La survie était assez difficile comme ça, sans avoir à affronter ses émotions. Je pense qu'elle évitait d'en parler pour ne pas avoir à revivre des expériences très difficiles. Un jour, alors qu'elle me gardait pendant que ma mère était en ville pour faire les magasins et que je lui ai posé plus de questions sur son expérience au pensionnat, elle m'a répondu : « Si je ne veux pas en parler, je ne le ferai pas. » Une fois qu'elle a dit ça, j'ai compris qu'il ne fallait pas lui poser d'autres questions.

À cause de son expérience du pensionnat, il était difficile pour elle d'exprimer de l'amour et de l'affection. À ce sujet, les histoires diffèrent au sein de ma famille : certains se souviennent qu'elle les a serrés dans ses bras et leur a dit qu'elle les aimait, d'autres non. Dans mon expérience à moi, Grand-maman était très affectueuse et aimante envers les bébés, et elle les portait souvent sur son dos. Elle faisait toujours un nouveau panier pour le « petit nouveau », le dernier petit-enfant ou arrière-petit-enfant qu'elle recevait. Elle a tissé des paniers pour les nouveau-nés jusqu'à ce que son état physique ne l'en empêche.

Ma tante Agness, avec qui j'ai vécu lorsque j'avais neuf ans, m'a dit que Grand-maman était très bonne avec les bébés. Elle en prenait bien soin. Elle les prenait dans ses bras, les nourrissait, les berçait, leur chantait et leur parlait. Mais lorsqu'ils approchaient de l'âge de 5 ans, elle commençait à prendre ses distances. Elle ne les asseyait plus sur ses genoux, ne leur chantait plus, ne les embrassait plus. Il y avait plusieurs raisons pour ça. La première, c'était que Grand-maman devait se préparer à perdre ses enfants, enfant après enfant, année après année. La deuxième, c'était qu'elle préparait l'enfant à un environnement où il n'avait pas d'importance. Lorsqu'elle disait « qu'est-ce qui l'aime » (« *what loves it* »), ça voulait dire « je t'aime ».

Maman se souvient qu'à Noël, sa mère gardait la viande de chevreuil et l'assaisonnait d'oignons et d'épices pour la conserver jusqu'à ce que ses enfants rentrent du pensionnat. Elle aurait pu la manger, mais elle la gardait pour ses enfants. Elle leur écrivait des lettres, mais ne laissait jamais deviner ses émotions. Les lettres étaient censurées avant d'être distribuées aux enfants, et tous les sentiments, comme « tu me manques », étaient caviardés.

Lena ne fouettait jamais ses enfants. Elle frappait le sol à côté d'eux avec un bâton de saule, mais elle ne les frappait jamais directement. Elle leur faisait prendre un bain s'ils jouaient dans le fossé. Elle était très patiente. Ma mère se souvient aussi que les plus vieux enfants s'occupaient des plus jeunes quand Grand-maman était occupée ou partie jardiner, pêcher ou tanner le cuir.

Grand-maman faisait le meilleur pouding de pain aux raisins du monde. On ne mangeait pas souvent de sucreries, alors quand elle faisait son pouding, c'était tellement délicieux que je ne pouvais pas m'arrêter d'en manger. Elle était aussi connue pour le pouding de pain et de riz à la mélasse qu'elle cuisinait pour les marchés de Noël. Ses trois plus jeunes enfants sont allés à l'école publique Dog Creek School quand la Mission est devenue une « résidence », et non plus une école. Grand-maman a toujours contribué aux levées de fonds de l'école publique en préparant des pâtisseries et en tricotant des afghans à faire tirer, et en achetant elle-même des billets de tombola.

Lena parlait l'anglais et le secwepemctsín, notre langue shuswap. Elle avait réussi à garder sa langue, et elle en était fière. Elle racontait qu'au pensionnat, elle parlait secrètement dans sa langue avec ses amies. Elle parlait le secwepemctsín à ses enfants et à ses amis qui le parlaient bien, mais s'adressait en anglais à ses enfants et ses petits-enfants qui ne parlaient pas la langue.

En 1965, le Département des Affaires indiennes a construit une maison pour Grand-maman sur la réserve Dog Creek. Ils ont dû faire acheminer l'eau à partir d'une source qui s'écoulait plus haut, ou bien d'un fossé d'irrigation situé plus bas. Je ne suis pas certaine à quel moment on a creusé un puits et posé un tuyau pour approvisionner la maison en eau, mais je me souviens qu'il y avait seulement un robinet avec de l'eau couran-te dans la cuisine, quand j'avais 6 ans. On n'a pas eu d'électricité jusqu'en 1984. Il n'y avait pas de plomberie : il fallait utiliser une bécosse. Mon grand-père a creusé un cellier dans le flanc de la colline près de la maison pour y entreposer les pommes de terre et les fruits et légumes en conserves. Ma grand-mère avait toujours des poules à œufs et aussi du petit gibier pour la viande.

Enfant, je me rappelle avoir vu ma grand-mère boire de l'alcool une seule fois. Elle était toujours là pour ses enfants et petits-enfants. Comme sa mère, elle priait pour tout le monde, tous les jours ; elle croyait fermement au pouvoir de la prière.

Dans ses dernières années, quand je lui rendais visite, Grand-maman me racontait beaucoup d'histoires sur sa vie et sur nos proches. Je prenais autant de notes que je pouvais. Parfois, je devais retourner lui poser des questions quand je ne pouvais pas lire ma propre écriture, et elle me disait « je t'ai déjà raconté ça », d'un ton irrité. Je lui répondais : « Je sais, mais je n'arrive pas à me relire », et elle éclatait de rire et répondait à mes questions à nouveau. Il y avait une histoire qui remonte à ses 17 ans. Elle était à Big Lake avec son beau-père George Jim. Ils étaient seulement deux, et son beau-père a abattu un orignal. Elle voulait rentrer et était très fâchée contre lui : elle s'est retrouvée à le dépecer et le faire sécher toute seule !

Dans les dernières années de sa vie, Grand-maman disait que Dieu devait l'avoir oubliée, exactement comme disait sa mère Suzanne. Elle a passé ses dernières années au Williams Lake Seniors Village, où elle parlait souvent seulement en secwepemcstín, même aux infirmières qui ne la comprenaient pas. Elles l'entendaient souvent crier « je veux du lekelét ! », ce qui veut dire « je veux du pain ».

Dans ses dernières heures, elle a cessé de parler, est devenue défensive, ne laissait personne s'approcher d'elle. Theresa raconte : « J'ai commencé à lui parler en shuswap, et elle a enfin accepté de me prendre la main. Je savais qu'elle pleurait ; elle était triste, car elle savait qu'elle était en train de partir. »

Grand-maman est décédée entourée de sa famille le 19 janvier 2019 au matin. Elle est enterrée au cimetière Dog Creek. Son service funèbre a été célébré par un Ancien secwépemc et comportait des prières à la fois catholiques and secwépemc. Étaient présents aux funérailles bon nombre de membres de sa famille immédiate, ses proches et amis, ainsi que des membres de la bande qui l'ont respectée tout au long de sa vie.

Maintenant, je sais ce que ça veut dire lorsqu'on dit que quelqu'un est « toujours dans notre cœur ». Grand-maman, tu seras toujours dans mon cœur, tu nous manques beaucoup. Nous t'aimons et nous nous souviendrons toujours de toi. Je m'assurerai que les générations futures connaîtront ton histoire.

« *Grand-maman était très bonne avec les bébés. […]. Mais lorsqu'ils approchaient de l'âge de cinq ans, elle commençait à prendre ses distances. […] Il y avait plusieurs raisons pour ça. La première, c'était que Grand-maman devait se préparer à perdre ses enfants, enfant après enfant, année après année. La deuxième, c'était qu'elle préparait l'enfant à un environnement où il n'avait pas d'importance.* »

Une épinglette de cardinal, la préférée
de Grand-maman : elle adorait les cardinaux.

Une boucle d'oreille à motif floral perlée à la main ; c'est la dernière broderie perlée qu'elle a réalisée avant de mourir – elle n'a pas eu le temps de terminer l'autre boucle d'oreille.

Rose Wilson, née Jack
(la mère de Phyllis Webstad)

Je m'appelle Rose Wilson (née Jack) et j'appartiens à la Première Nation Stswecem'c/Xgat'tem (Canoe Creek/Dog Creek). Mes parents sont Lena Billy et Moffat Jack. Mon beau-père, que j'appelais papa, était Francis Camille. Mes grands-parents maternels étaient Suzanne Jim et Moise Billy de Canoe Creek, C.-B. Mon grand-père par alliance, le deuxième mari de ma grand-mère, était George Jim. Mes grands-parents paternels étaient Lucie William d'Esket, C.-B., et Jean Baptiste William, de Sugar Cane, C.-B.

La vie avant le pensionnat

Mes parents ont eu un mariage arrangé, le dernier de notre histoire familiale. Ensemble, ils ont eu cinq enfants, et je suis la cadette. Maman était enceinte de moi quand elle a quitté mon père pour aller vivre avec mon beau-père.

On ne vivait pas sur la réserve. Ma mère et mon père n'avaient pas leur maison à eux. On vivait à Francis Meadow dans une cabane en bois rond bâtie par mon père. Quelqu'un l'a brûlée, alors il en a construit une autre en bois de charpente. C'est là où on a habité jusqu'à ce que ma mère achète une maison à Dog Creek, en 1965. Avant ça, quand on allait en visite à la réserve de Dog Creek, on allait chez notre grand-mère Suzanne, qui avait une maison là-bas. On voyageait au gré des saisons. En été, on était à la prairie de mon père, ou au bord de rivière, à cueillir des baies et à pêcher le saumon. Et en automne, on partait à la chasse ou à la montagne de Dog Creek, et sur le territoire, où on chassait le gibier. C'est ce qui me manque aujourd'hui, la viande de gibier. On avait du porc-épic, de l'orignal, du chevreuil, de la gelinotte – en plus de la truite pêchée dans le ruisseau à Gustafson Lake. Ce lac a été créé par mon peuple, il nous appartient, car il a été creusé par les mains de mes ancêtres. Je me souviens que la viande de porc-épic était très grasse, et ma mère adorait ça. Elle voulait toujours du porc-épic. Maintenant, on ne trouve presque jamais ce type de viande-là.

Je parlais l'anglais – c'est ma mère qui me l'a appris. Elle parlait à la fois l'anglais et notre langue, dans mon enfance. Je passais beaucoup de temps avec nos Anciens, qui parlaient notre langue. On rendait visite à mes tantes et mes oncles sur la réserve, et ils parlaient notre langue. Aujourd'hui, les jeunes doivent se rendre dans une salle de classe pour apprendre notre langue, mais quand j'étais petite, elle était partout autour de nous.

Le jour où on m'a emmenée

J'ai eu six ans et neuf mois de vie insouciante et pleine d'amour à la maison, dans la région de Dog Creek et Canoe Creek. Puis, au début du mois de septembre 1954, on m'a envoyée à la Mission Saint-Joseph, au sud de Williams Lake. La Mission était également connue sous le nom de pensionnat indien de Cariboo. Mon père Francis ne voulait pas nous laisser partir. C'est mon beau-père, mais je l'appelle papa, car c'est lui qui a été présent depuis ma naissance. Il ne m'a jamais dit « je ne suis pas ton père » ; il a toujours été là pour moi.

Je me rappelle être arrivée là [au pensionnat], être sortie du véhicule et avoir cherché des yeux quelque chose ou quelqu'un de familier. J'ai vu ma grande sœur Theresa et j'ai accouru vers elle, mais elle m'a chassée. Elle ne voulait pas jouer avec moi et je me suis sentie mal. J'ai rencontré une amie – il faut avoir une copine quand on est là, il faut quelqu'un avec qui parler.

La nuit et les repas

On dormait dans des dortoirs. C'étaient de grands espaces, comme des gymnases. Il y en avait trois, pour chacun des groupes d'âge. Les garçons étaient d'un côté et les filles de l'autre ; on n'avait pas le droit de se parler entre frères et sœurs. Je me souviens que certains des garçons entraient dans notre dortoir en catimini pour aller voir leur petite copine. On n'avait pas le droit de se friser les cheveux, alors on a dû apprendre à se coiffer dans le noir, quand les lumières s'éteignaient à 21 h 00.

La nourriture, oh la-la, jusqu'à la 6e année environ, c'était dégueulasse. On appelait ça de la bouette – ils mélangeaient du lait caillé dans notre gruau et ils s'attendaient à ce qu'on mange ça. C'était pas appétissant. Puis un cuisinier est arrivé et s'est mis à nous servir de la meilleure nourriture. Il m'a appris à faire des biscuits et du gâteau. Ça, c'était en 7e année, quand on a commencé à avoir de meilleurs repas. Je me souviens que je regardais la nourriture passer, et le personnel avait droit à des œufs et du bacon avec des rôties, et nous, on devait se contenter de pain et de gruau.

Notre pain n'était même pas rôti, seulement tranché avec un peu de beurre. Une fois de temps en temps, on avait du beurre d'arachides ou de la confiture. En jouant ou en sautant à la corde, on chantait des chansons à propos de la « bouette de patates pilées ».

La vie quotidienne au pensionnat

On a appris à faire des activités pour passer le temps au pensionnat. Les bons moments, c'était quand je jouais avec mes amies… [dont] ma meilleure amie. Les samedis soir, tout le monde – les garçons et les filles, et aussi le personnel – regardait des films sur grand écran. Parfois, on sortait patiner, et après, on buvait du chocolat chaud. On faisait aussi des pique-niques à Rocky Point ou à Yellow Lake, ou dans les forêts bordant l'autoroute 97. J'aimais nager dans l'énorme piscine. On jouait aussi à la balle molle.

Les filles devaient apprendre à raccommoder les vêtements et à repriser les chaussettes. En 9e année, je me suis fabriqué une robe magnifique. Elle était rose avec des fleurs colorées sur le tissu, et je l'ai portée à la messe de Pâques en 1962. Je n'aimais pas me lever tôt pour aller à la messe. À Pâques, c'était difficile de se lever tôt pour déjeuner à 6 h 00, puis se rendre à la chapelle pour 7 h 00.

Parmi les gens qui travaillaient à l'école, certains étaient drôles, d'autres méchants. Mes deux amies étaient des casse-cous, et elles m'entraînaient dans leurs frasques. La Mission avait des frontières – il fallait rester sur le terrain de jeu. Mes amies disaient « Allez, viens ! » et on marchait bras-dessus bras-dessous sur la route interdite, et mes deux amies rigolaient. Une sœur nous poursuivait à la course : « Les filles, revenez ici tout de suite ! », et c'était drôle. Je me souviens qu'il y avait un long banc et qu'on était toutes debout dessus devant la sœur. Je me souviens qu'il s'est brisé en deux, et c'était tellement drôle, son visage est devenu si rouge. Des choses comme ça, il y avait des bons et des mauvais moments.

Dès mon arrivée au pensionnat, on a appris à faire le ménage en profondeur : laver la vaisselle, nettoyer les douches et la rangée d'éviers, et les planchers de la salle de bain. Une des bonnes choses qui me soient arrivées, c'est que quand j'avais 13 ans, le chef cuisinier s'est rendu compte à quel point je laissais la vaisselle et les comptoirs propres, et il m'a invité dans sa pâtisserie. Avec une de mes amies, il nous a montré comment faire des gâteaux et des biscuits, et on en préparait pour tout le personnel et les enfants.

Les punitions

Je me comportais le mieux possible. Il ne m'arrivait presque jamais d'être punie. Mes copines étaient les leaders, et moi, j'étais la suiveuse. On n'avait pas le droit de se rendre visite une fois les lumières éteintes. Une nuit, alors que j'avais 12 ans et que j'étais dans le groupe intermédiaire, je chuchotais avec mon amie, quand la lumière s'est allumée et la sœur a dit : « Qui chuchote ? » On devait avoir fait du bruit. J'ai avoué que c'était moi. La sœur m'a dit de m'agenouiller dans la grande allée. Elle m'a oubliée. Aux petites heures du matin, je suis finalement retournée dans mon lit.

Il y avait des règlements, et quand on les enfreignait, on nous envoyait dans un coin ou on nous faisait s'agenouiller dans l'allée. Je me souviens qu'on m'a tapé sur les mains, mais je ne me rappelle pas pourquoi. Mais je me souviens que ça faisait mal, car ils utilisaient une règle ou une sangle de cuir. Je savais ce qu'il ne fallait pas faire et je faisais de mon mieux pour être sage. Je n'aimais pas me faire frapper, alors je faisais de mon mieux pour obéir.

Quand j'ai commencé l'école, je faisais pipi au lit. C'était humiliant. La surveillante me mettait mon drap puant et mouillé sur la tête devant les autres enfants pour me ridiculiser.

Je ne suis pas une batailleuse. Je me suis déjà fait intimider. J'avais honte de dire à l'intimidateur que je ne voulais pas me battre. Je me suis extirpée de la situation.

Je n'ai jamais tenté de fuir parce que j'ai vu ce qui s'est passé aux autres qui ont essayé. Les garçons qu'ils ont ramenés devaient porter des robes, ou encore se faisaient raser la tête. Je ne me rappelle pas ce qu'ils faisaient aux filles. Je n'ai jamais essayé de m'enfuir, car ils m'auraient ramenée de toute façon, c'était impossible de leur échapper et je ne voulais pas être punie.

Visites dans ma famille

Ma famille me manquait terriblement. Ma mère m'écrivait pour m'aviser quand notre famille s'élargissait pour accueillir un nouveau petit frère ou une nouvelle petite sœur. J'aurais voulu être là avec eux, pendant qu'ils faisaient des petites activités, comme sortir marcher et tout ça. J'ai manqué tant de choses. Quand je rentrais à la maison, on nettoyait leur visage et on était heureux d'être ensemble.

Je rentrais à Noël, et en 8e année, ils nous ont laissés rentrer à Pâques. À la fin juin, on nous laissait aller pour l'été. On rentrait à cheval. [On allait] sur les terres, sur la prairie, rendre visite à nos proches, quelques journées par endroit. Ma tante et mon oncle avaient un grand jardin à Canoe Creek. Parfois, ils nous donnaient un orignal ou un chevreuil.

En vieillissant, lorsque j'avais 14 ou 15 ans, j'allais cueillir des fruits avec mes plus jeunes frères et sœurs à Sumas, aux États-Unis. Après le Williams Lake Stampede, qui se déroule toujours à la fin juin ou au début juillet, le propriétaire du verger de Sumas embauchait des travailleurs. Il nous conduisait sur sa terre à bord de son autobus ; parfois, il nous ramenait même à Williams Lake lorsque nous avions terminé notre travail pour lui. Le travailleur social de la réserve ne voulait pas que maman nous donne de l'argent pour la nourriture et des vêtements. Alors avant de retourner à l'école, on devait aller gagner des sous en cueillant des fruits.

L'autobus de la Mission nous ramassait et nous déposait au sommet de la colline avant de redescendre vers la réserve Dog Creek. Le nom de Dog Creek en shuswap est Xgat'tem, qui signifie « vallée profonde ». Mes parents devaient aller à la rencontre de l'autobus avec leur traîneau ou leur wagon parce que le bus avait du mal à circuler sur les routes montagneuses. Le chemin qui mène à la réserve est un chemin de terre, et en plus d'être à pic, il pouvait être glacé, boueux ou enseveli sous la neige.

Quand on voyait nos parents en été, à Noël ou à Pâques, c'était difficile de repartir et de penser au moment où on les reverrait. De retour à la Mission après un séjour à la maison, pendant les premiers jours, on restait tranquillement assis. On n'avait pas envie de courir et de jouer – on restait simplement assis à notre place. Notre maison, nos parents et nos frères et sœurs qui étaient restés à la maison nous manquaient, tout comme notre grand-mère et tous nos autres proches sur la réserve.

La vie après le pensionnat

J'y ai passé dix ans [au pensionnat]. Je suis partie en juin 1964. Je me souviens avoir attendu que mes parents viennent me chercher en taxi de Williams Lake. Tout le monde s'en allait et je pleurais. Un autobus allait emporter tous les autres sur la réserve. Mon oncle et ma grand-mère m'ont fait monter à bord de l'autobus avec eux et ma sœur parce que j'avais peur qu'on me laisse seule. Je suppose que quand mes parents sont arrivés, je n'étais pas là. Je ne les ai retrouvés qu'au moment d'aller cueillir des baies au bord de la rivière.

Je suis heureuse d'avoir survécu à ces dix ans à la Mission. Je suis heureuse que tous mes frères et sœurs aient survécu également. Nous sommes tous encore là, personne ne manque à l'appel.

Peu de temps après mon départ de la Mission, à l'âge de 20 ans, j'ai eu mon bébé. Elle s'appelle Phyllis. Je voulais tellement rester à la maison pour m'occuper d'elle. Mais j'ai reçu une lettre de l'agent des Affaires indiennes me disant que je n'avais aucune responsabilité et que je devais partir travailler. Il fallait l'écouter sous peine d'emprisonnement. Comment aurais-je pu décrocher un emploi alors que j'avais à peine terminé ma 10e année ? J'étais trop timide pour être serveuse. J'ai fini par laisser Phyllis avec ma mère, et je suis partie aux États-Unis pour travailler à la conserverie et à cueillir des fruits. Le bien-être social de la Bande ne me procurerait même pas 80 $ par mois pour ma fille et moi. De nos jours, le bien-être social aide davantage les mères monoparentales.

Conséquences

Le pensionnat, c'était comme une peine de prison : j'avais l'impression que je n'en sortirais jamais. J'y suis restée pendant dix ans. Au début, je ne comprenais pas pourquoi on m'a envoyée là, mais j'ai appris par la suite qu'autrement, ils [mes parents] auraient été emprisonnés. On aurait emmené mon père ou ma mère s'ils avaient tenté de m'empêcher qu'on nous emmène à l'école. Je n'ai jamais tout à fait compris pourquoi sur la réserve, certains étaient obligés d'aller au pensionnat, et d'autres non. J'ai un oncle qui a renoncé à son Statut d'Indien pour que ses enfants n'aient pas à aller au pensionnat. Il vivait avec sa famille sur le bord de la réserve dans une cabane en bois rond. Il ne pouvait pas vivre sur la réserve parce que ses enfants et lui n'étaient plus considérés comme des Indiens.

Maman est allée au pensionnat. Elle ne parlait jamais des aspects négatifs, seulement des bonnes choses, comme ce qu'elle y a appris. Là-bas, elle a appris à jouer de l'harmonica. C'est un curé qui lui a montré. Un aspect positif, c'est qu'on a appris à faire des choses comme cuisiner et coudre ; on pouvait repriser des vêtements, comme ceux des enfants. À l'époque de ma mère, ils apprenaient à fabriquer des choses comme des gants et des chandails. Nous, on n'a pas appris ça. Ce qu'on n'a pas appris au pensionnat, eh bien, ce sont les compétences pratiques de la vie. Quand on arrive dans le vrai monde, en sortant de là, c'est différent. Je me sentais tellement libre, et en même temps, je me morfondais et je ne savais pas comment me comporter. Alors j'ai commencé à boire beaucoup. J'ai essayé la marijuana, mais c'était pas mon truc. J'ai été chanceuse, car de nos jours, il y a toutes sortes de drogues, comme le fentanyl. Nous, on n'avait pas ça.

J'avais un ange ou deux à mes côtés. Je n'ai pas subi d'agression sexuelle, mais il est tout aussi dur d'être victime d'abus psychologiques – on nous inculquait la peur pour éviter qu'on sorte du cadre. Le pensionnat m'a fait sentir que je n'avais pas de voix, alors j'avais peur de m'exprimer, je pensais que mes opinions n'avaient pas d'importance. Ils ne voulaient pas qu'on s'exprime. Il fallait seulement écouter et faire ce qu'ils voulaient qu'on fasse. Il fallait écouter, sinon, c'était le fouet, et j'ai entendu dire que certains ont été jetés dans un donjon et y sont restés pendant des jours. Je suis assez chanceuse que rien d'aussi extrême ne m'est jamais arrivé. J'ai appris ça plus tard, l'abus et tout ça.

Je suis devenue une alcoolique pratiquante. Pendant mes moments de sobriété, des événements sont survenus. Lorsque j'ai eu 30 ans, j'ai épousé un non-Indien. C'est comme ça que j'ai perdu mon statut. Des années plus tard, quand les femmes ont pu retrouver leur statut d'Autochtones, j'ai reçu une réponse par la poste disant que je suis une Indienne du Canada. J'ai récrit pour demander qu'on me restitue à Canoe Creek Band.

Pendant mes années d'alcoolisme actif, je n'ai pas fait de bons choix. Mais une fois que je me suis remise sur le droit chemin, je me suis promis que dans la seconde moitié de ma vie, je chercherais à voir le bon côté des choses. J'ai dû reprogrammer mon esprit.

Guérison et rétablissement

En 1991, je me suis inscrite à l'école de cuisine. J'avais 40 ans et je savais que je devais cesser de boire pour réussir mon programme.

Dès que j'ai pris la décision, je suis allée chercher de l'aide. Je ne pouvais plus me saouler et je ne voulais pas sombrer dans la drogue. Je me suis rendue au North Shore Friendship Centre à Kamloops, mais la travailleuse sociale n'était pas là, et je suis rentrée et j'ai éclaté en sanglots, car personne n'était là pour m'aider. Je ne voulais pas recommencer à boire. Je me suis agenouillée près de mon lit et j'ai prié, je me suis parlé à moi-même. La seule personne qui pouvait m'aider, c'était moi, et c'était très difficile.

J'ai fréquenté des rencontres pour alcooliques. C'était dur. Je savais qu'il fallait que je cesse de boire pour réussir l'école culinaire. Ça a été un long cheminement pour me rendre là où je voulais être. J'ai tenu bon, car je m'étais fait la promesse de rester sobre le temps de terminer mon cours. Au moment de recevoir mon diplôme, j'avais eu suffisamment de temps pour réfléchir et me rendre compte que je devais demeurer sobre si je voulais trouver un emploi et le garder. Peu de temps après, je me suis inscrite au centre de désintoxication Maple Ridge.

J'ai été sobre pendant huit ans avant de m'inscrire dans un programme de guérison pour les survivants des pensionnats Tsow-Tun-Le

Lum, sur l'Île de Vancouver. C'était une étape importante pour moi. J'ai pleuré et pleuré quand j'ai pris conscience de ce que je devais faire. Je ne pensais pas que le pensionnat m'avait beaucoup affectée, car je n'avais pas été aussi maltraitée que d'autres. Mais quand on apprend ce qui est arrivé à d'autres personnes, c'est tout aussi douloureux d'entendre leur la douleur. C'était très difficile. Je pleurais, et j'étais heureuse et triste tout à la fois. Il fallait que je passe au travers de la douleur pour être heureuse, moi aussi. J'y ai passé 28 jours. Ça devait durer six semaines, mais le gouvernement a coupé dans la durée du programme.

Quand je repense à mes années au pensionnat, je me rends compte que j'ignorais à quel point elles m'ont affectée jusqu'à ce que je me rende à Tsow-Tun-Le Lum. Là-bas, avec mes camarades, on a partagé nos expériences, on a pleuré ensemble, et nos thérapeutes étaient là pour nous. J'aimais particulièrement la guérisseuse et ses assistants. Elle est la personne à la spiritualité la plus puissante que j'aie jamais rencontré. Elle m'a purgée de beaucoup de choses négatives.

J'ai toujours voulu terminer ma 12e année. Au pensionnat, un prêtre qui était aussi le directeur me répétait que je n'irais jamais au-delà de la 9e. Je sentais le besoin de le faire mentir. L'un des prérequis était de suivre un cours de 11e année en études autochtones. Même après tout le travail de guérison que j'avais accompli, c'était douloureux de faire face à l'histoire des pensionnats dans ce cours. En lisant les questions auxquelles je devais répondre, je pleurais. J'ai finalement pu obtenir mon équivalence de 12e année à l'école pour adultes de Dogwood. J'ai également suivi d'autres formations telles que Compétences de vie et Soins en résidence et soutien à domicile. Je fais aussi partie d'une association de membres du programme pour alcooliques.

Aujourd'hui, je suis plus consciente des raisons derrière mes actions. Je lis des livres de croissance personnelle sur le fonctionnement du cerveau et je reste à l'affût d'autres formations, de façons d'apprendre à mieux interagir avec les gens et à me comprendre moi-même et les autres. J'ai compris pourquoi je buvais et comment m'en sortir. Je vis à Kamloops, maintenant. Le jardinage me manque. Je n'ai pas de jardin ici. Le jardinage, c'est ce qui a gardé ma mère en vie si longtemps – ça et le tannage des peaux. Ma mère a vécu jusqu'à cent ans. Elle fabriquait des manteaux en peau de daim ; elle était vraiment très bonne en tout, y compris en perlage, et elle faisait des tricots aussi.

C'est ce que j'aimerais que les gens sachent à propos des pensionnats et des Autochtones au Canada. Peu importe à quel point les choses peuvent paraître sombres. Dans mon cas, par exemple, j'ai mis des années à me rendre compte qu'il y a du bon dans ce monde. Lorsque j'ai cessé de boire, je me suis dit que je chercherais le bon côté des choses pour le reste de ma vie, car la voie contraire ne fonctionne pas. Quand je buvais, je ne voyais aucune autre façon d'être, jusqu'à ce que je devienne sobre. J'avais 40 ans et je me suis promis que dans la seconde moitié de ma vie, je chercherais le bon côté des choses et je ne m'accrocherais pas au passé. En tout cas, c'est ce qu'il fallait que j'apprenne. Je prie pour mes petits-enfants, pour qu'ils aient une bonne vie sobre.

> « *Peu de temps après mon départ de la Mission, à l'âge de 20 ans, j'ai eu mon bébé. Elle s'appelle Phyllis. Je voulais tellement rester à la maison pour m'occuper d'elle. Mais j'ai reçu une lettre de l'agent des Affaires indiennes me disant que je n'avais aucune responsabilité et que je devais partir travailler. Il fallait l'écouter sous peine d'emprisonnement.* »

Tsow-Tun-Le Lum est un organisme de traitement sans but lucratif dûment accrédité et reconnu à Lantzville, sur l'île de Vancouver.

Theresa Jack
(la tante de Phyllis Webstad)

Je m'appelle Theresa Jack. Ma mère était Lena Jack, mon père, Moffat Jack, et ma grand-mère, Suzanne Edward Jim. Je suis née le 11 juillet 1945. Je suis allée au pensionnat Mission Saint-Joseph de l'âge de 7 ans, en 1952, jusqu'à l'âge de 16 ans, en 1961.

La vie avant le pensionnat

Mon frère Morris, ma sœur Victorine, ou Vicky, et moi avons été envoyés vivre chez ma grand-mère Suzanne après la séparation de mes parents, quand j'avais un an. Morris et moi, on n'avait pas le droit d'aller rendre visite à notre mère, mais Vicky pouvait aller où elle voulait.

Granny Suzanne s'occupait de nous. Elle était déjà âgée lorsqu'on est arrivés, mais elle faisait tout pour nous. Elle nous faisait prendre notre bain, nous lavait les cheveux et les peignait, faisait notre lessive – et tout ça à la main. Il n'y avait pas d'eau courante ni d'électricité et on avait une bécosse. Elle s'assurait qu'on ait tous une pièce de 25 cents quand on allait à l'église de Canoe Creek, pour le panier de quête, et qu'on soit bien habillés lorsqu'on se déplaçait à cheval. J'étais la plus jeune, et elle me faisait monter derrière elle. Je n'aimais pas ça. J'étais attachée directement derrière elle, et ma tête était recouverte de sa couverture.

Il y avait beaucoup d'alcool et de violence sur la réserve. Souvent, chez Grand-maman Suzanne, on devait se sauver dehors pour se cacher, généralement dans la hutte à sudation ou derrière la botte de foin près du ruisseau. Mes deux oncles vivaient avec nous. L'un d'entre eux m'agressait sexuellement et l'autre était mentalement et physiquement abusif. Il nous battait, moi et mon frère, avec des bâtons, et tout ce qui lui tombait sous la main. Il nous a même fouettés, une fois. J'avais tellement peur que je faisais pipi dans mes culottes, puis il me fouettait à nouveau. Je sais qu'il fallait nous discipliner, mais pas aussi durement.

Rendue au pensionnat, j'étais vraiment endurcie et je ne pouvais pas pleurer.

Lorsque j'avais sept ans, Grand-maman Suzanne m'a emmenée voir mon frère et ma sœur partir pour le pensionnat. Morris avait 8 ans, et Vicky en avait 11. On m'a emportée, moi aussi. Le chemin vers le pensionnat a duré deux heures. On nous avait entassés dans un fourgon à bétail. Je me souviens qu'une sœur était montée à bord avec nous et nous faisait réciter des prières catholiques pendant tout le trajet vers le pensionnat. On m'a raconté que Grand-maman pleurait en rentrant chez elle parce qu'on m'a enlevée : elle ne s'attendait pas à ce qu'on me prenne, moi aussi.

Le jour où on m'a emmenée

En descendant de la bétaillère, à la Mission, je pleurais parce que je ne savais pas où j'étais et je ne connaissais personne. Puis, j'ai vu ma cousine et une autre fille que je connaissais. Ma cousine a mon âge, alors on s'est serrés et on s'est senties mieux. On se soutenait l'une l'autre. On parlait secwepemctsín ; c'était la seule langue qu'on connaissait.

J'ai entendu dire que dans le passé, certains enfants se faisaient battre lorsqu'ils parlaient leur langue, mais ça ne nous est jamais arrivé pendant qu'on était au pensionnat. On nous a tous assigné un enfant plus vieux qui nous enseignerait l'anglais, car aucun des plus jeunes ne le parlait. Une cousine plus âgée devait s'occuper de moi et m'apprendre à parler l'anglais. On me demandait mon nom, et elle me disait de répondre « Numéro 65 ». C'était mon numéro. Notre numéro, c'était comme notre nom. J'ai porté le numéro 65 jusqu'à mon départ de la Mission. Un jour, on a tenté de transférer mon numéro à quelqu'un d'autre, mais je me suis battue pour le garder. J'ai jeté les choses de l'autre fille de mon casier no 65 en criant : « Ce numéro est à moi, personne ne va me l'enlever ! »

La vie au quotidien

Nos cheveux étaient coupés au ras des oreilles, avec une frange courte. Je pense qu'ils faisaient ça pour que ce soit plus facile de se débarrasser des poux et de laver la tête. Les fins de semaine, on devait se mettre du DDT dans les cheveux et s'épouiller les uns les autres.

On avait seulement le droit de prendre des douches, jamais un bain. Il y avait une seule baignoire, et la seule personne qui pouvait s'en servir avait un traumatisme crânien et s'évanouissait souvent. Encore aujourd'hui, je n'aime pas prendre des douches, car ça me rappelle la Mission.

On devait toujours porter une robe et un bonnet . On avait des uniformes et on n'avait pas le droit de porter des pantalons. Après l'école, on enlevait nos uniformes et on portait nos vêtements réguliers avec un tablier par-dessus. On devait toujours porter un tablier. À la maison, Grand-maman s'assurait toujours qu'on porte notre tam.

En 4e année, après l'école, on devait raccommoder les vêtements des garçons avec la machine à coudre et repriser des chaussettes. Une fois, une fille a tenté de tourner les coins ronds, mais ils ont déchiré le vêtement et elle a dû recommencer. Si ce n'était pas fait correctement, la Sœur décousait tout et nous faisait reprendre du début. Quand on avait terminé la couture, on pouvait faire de la broderie. J'adorais ça. On avait des soirées bricolage, une heure de temps. J'ai appris à perler, ce que j'aime faire aussi.

Si on se blessait ou on tombait malade, les Sœurs prenaient soin de nous. Si quelque chose n'allait pas, elles l'arrangeaient. Sœur Delores et Sœur Albina étaient infirmières. Je racontais à Sœur Albina le divorce de mes parents, pourquoi je ne vivais pas avec eux et à quel point je détestais quand on me posait des questions sur mes parents. Je pleurais et je confiais à la Sœur que j'avais seulement ma grand-mère.

Au pensionnat, on avait des activités. On avait des pique-niques, on jouait au baseball et à d'autres jeux sportifs, on allait patiner en hiver et on regardait le hockey les fins de semaine. On allait aussi glisser, et tout le monde s'entraidait pour remonter les luges sur la pente. C'était amusant. Une fois, j'ai eu des engelures au pied et ils m'ont donné plus de chocolat. Mes pieds étaient vraiment congelés et je pleurais – je suppose qu'ils voulaient me consoler.

Il y avait une télé 12 pouces en noir et blanc sur le mur. On s'asseyait sur le plancher de ciment pour écouter Ed Sullivan, Hootenanny – toutes ces vieilles émissions-là. On aimait ça, et parfois, un des prêtres jouait du Elvis ou du rock'n'roll sur sa guitare. Il jouait, et nous, on dansait. On adorait danser. Il y avait des soirées dansantes les vendredis soir et on dansait beaucoup.

On avait des tâches, à la Mission. Il fallait nettoyer les chambres des prêtres et corder de longs morceaux de bois pour la fournaise à l'étage du bas, où on dormait. C'est là qu'on allait à l'école, aussi. J'étais très brillante à l'école. J'étais toujours première, deuxième ou troisième en orthographe, en lecture et en écriture.

J'aimais être à la Mission parce que je m'y sentais en sécurité, loin de tout l'alcool, la violence et l'abus à la maison. Le pensionnat a été bon pour moi, car j'y ai tout appris. J'ai appris à prendre soin des autres. Je prends soin des autres depuis l'âge de sept ans ; j'ai grandi très vite. Je prenais soin de ma famille. On nous a appris à prendre soin des gens. On avait beaucoup de résilience, et j'en ai encore beaucoup.

Lieux de résidence

En 1953, quand je suis arrivée, il y avait une longue bécosse qui pouvait accueillir six enfants. Puis, quand on a déménagé dans le nouvel édifice, on a eu des toilettes avec une chasse d'eau. On devait déplacer nos lits vers les nouveaux locaux, et on était contents. Le pavillon des garçons avait brûlé, tout comme la petite maison du prêtre. Au nouvel endroit, il y avait une clôture pour séparer les filles des garçons.

On avait le droit de se retrouver à la clôture. Mon jeune cousin se tenait toujours là parce qu'il se sentait seul. Je n'aimais pas trop lui visite, mais je le faisais quand même parce que je savais qu'il s'ennuyait.

Punitions

J'étais souvent punie à la Mission. Mon amie qui y était avec moi est devenue policière par la suite, et j'ai dû aller la voir quelques fois pour des séances de counseling. Chaque fois, elle me disait : « Bon, qu'est-ce que t'as fait encore ? », et on riait parce qu'elle et moi, on a été si souvent punies à la Mission. On désobéissait souvent, ou on parlait quand on n'était pas censées parler, et alors on recevait la fessée. Je ne sentais rien, alors je devais faire semblant de pleurer parce que j'étais tellement endurcie de m'être fait battre et fouetter à la maison.

Un jour, je me suis enfuie avec deux de mes amies. On essayait de se rendre à 150 Mile House pour trouver du tabac à priser. On est passées par la forêt, mais on ne savait pas où aller. Il était midi, alors on est rentrées, car on avait faim. Celles qui s'enfuyaient se faisaient couper les cheveux et devaient porter un sac de jute, et les garçons se faisaient raser la tête. Mon frère avait un an de plus que moi. Il a volé des carottes dans le potager, et on lui a rasé la tête pour le punir.

Mon meilleur ami est mort en 8e année. C'était un garçon gentil, très amical. Il s'asseyait devant moi et on discutait toujours ensemble. Un jour, il n'est pas revenu. Ils ont dit qu'il est mort. Il avait des problèmes rénaux et il est mort. Après ça, ils nous ont dit de leur faire signe lorsqu'on était malades. Je pense toujours à mon ami. Beaucoup d'enfants disparaissaient à l'époque. Dans l'ancien temps, ils ne faisaient rien pour changer ça, mais de nos jours, ils feraient peut-être quelque chose. Certains enfants s'enfuyaient par temps de grand froid, et ils mouraient gelés.

La nourriture

Je n'ai pas aimé les excuses [qu'a présentées le gouvernement canadien] en 2008 parce qu'on n'a pas reçu assez d'argent pour l'enfer qu'on a vécu. Quand j'étais en 9e année, ils nous faisaient boire du lait caillé et manger une bouillie qu'on jetait. Le cuisinier, un homme blanc, nous disait qu'il fallait qu'on mange avant de partir. Une fille plus vieille nous a dit en shuswap de ne pas l'écouter, de rester là sans manger. Certains vomissaient juste à regarder cette nourriture horrible, et on est restés là très longtemps avant qu'on nous laisse partir. Un des cuisiniers préparait toujours les repas cigarette au bec, et je suis certaine que les cendres tombaient dans notre nourriture. Pendant que j'étais là, je n'ai jamais entendu parler d'allergies alimentaires.

On n'avait pas beaucoup de nourriture, et si on n'aimait pas ça, tant pis, car c'était tout ce qu'il y avait. On volait des choses comme du pain pour en donner aux plus petits, comme mes plus jeunes frères et sœurs.

Le personnel recevait des œufs et du bacon, mais nous, on avait de la bouillie, et parfois des hamburgers avec beaucoup de sauce. Quand j'étais en 9e année, ils ont commencé à servir de la meilleure nourriture, comme des boulettes de viande, et des fruits, comme des pommes, pour les collations. Parfois, la fin de semaine, on nous donnait une orange. Certains jouaient à la balle avec pendant des jours. Ils ne voulaient pas la manger, ils la conservaient. Je me souviens d'avoir bu du café, une fois, pendant un pique-nique, dans une énorme marmite. On se tenait autour du feu et on y plongeait nos tasses jusqu'à ce qu'il n'en reste plus. La première fois que j'ai mangé du riz, je me souviens que c'était quand je suis allée à l'école Prince George pour ma 10e année. En 9e année, Grand-maman nous a expédié une grosse boîte de pain et de vivres à bord du *Stage*.

Il y avait une cantine ouverte les fins de semaine, pour ceux qui recevaient de l'argent de leurs parents. Il fallait faire la file juste pour avoir une poignée de bonbons. Ma mère m'envoyait de l'argent et je partageais les bonbons avec mes frères et sœurs. Une barre de chocolat coûtait 5 ou 10 cents.

Les travailleurs de la Mission avaient des chiens. Ils ne les amenaient jamais de notre côté, alors on ne pouvait pas les flatter. Il y avait un élevage de bétail à l'écart des bâtiments principaux, mais on ne mangeait jamais de steak, seulement des hamburgers.

Les retours dans la famille

On rentrait chez nous à Noël et pour l'été. J'étais contente de retrouver ma grand-mère. Elle n'était jamais allée à l'école, mais elle faisait du pain délicieux. Je ne sais pas comment elle a appris, car elle ne savait ni lire ni écrire, mais il était succulent. Les Anciens étaient très doués pour la cuisine et les autres activités de survie. Quand je suis devenue assez vieille, j'ai dit à l'oncle qui me fouettait que je n'étais plus une enfant, et quand il a essayé de me battre, c'est moi qui lui ai pété la gueule !

Rendus en 9e année, on avait aussi le droit de rentrer pour Pâques. Pendant que j'étais chez elle, Grand-maman me faisait préparer plein de gâteaux à ramener à mes jeunes frères et sœurs. J'enduisais les gâteaux d'une épaisse couche de glaçage au chocolat, car je savais qu'ils aimeraient ça.

On ne célébrait pas les anniversaires à la Mission, mais on ne les célébrait pas à la maison non plus. On ne recevait pas de cadeaux à Noël, mais on mangeait du poulet, et je ne me souviens pas avoir désiré autre chose. On ne savait pas que les cadeaux existaient. Tant qu'on avait quelque chose à manger, on était heureux. On n'avait rien à l'Halloween non plus quand j'étais plus jeune, à la Mission. Plus tard, par contre, je me souviens qu'ils plaçaient des pommes dans un gros contenant rempli d'eau et qu'il fallait mettre la tête dedans et mordre une pomme. C'était le jeu des pommes flottantes. On avait aussi des pommes confites, on aimait ça.

La vie après le pensionnat

Quand je suis entrée à l'école secondaire de Williams Lake, en 9e année, mes notes ont empiré, mais on m'a fait passer quand même. Je suis allée à [l'école] Prince George en 10e année à l'âge de 16 ans. On ne m'a jamais donné d'argent pour aller à l'école : je devais travailler et acheter mes propres vêtements et tout ça. J'ai décroché après le temps des Fêtes parce que j'ai découvert que ma mère allait mal. Elle se promenait presque nu-pieds, à charrier du bois de chauffage pour l'hiver à partir du ruisseau. Mes frères et sœurs étaient tous petits, donc j'ai quitté l'école et je suis allée travailler pour l'aider à les nourrir et les habiller. C'est à l'époque où les choses étaient si peu chères qu'on pouvait tout acheter. Chez Stampede, j'ai acheté un chapeau et des bottes pour chacun des enfants de la famille. Je travaillais chez Circle S Ranch, où je faisais du jardinage pour pouvoir acheter de la nourriture et des vêtements. Pour 150 $, je pouvais acheter tout un wagon de choses au magasin général de Dog Creek.

Je parle encore le shuswap. Je devais parler en shuswap à ma mère sur son lit de mort. Elle repoussait tout le monde. Elle ne voulait pas que les gens s'approchent d'elle, alors je lui ai parlé en shuswap et elle s'est sentie mieux. Elle a tenu mes mains dans les siennes et elle était heureuse. Ses yeux étaient loin, sans doute à cause de la morphine qu'elle devait prendre pour gérer sa douleur. Elle était sous l'effet de la drogue, même à la fin, mais je lui tenais la main et je priais et chantais pour elle. Je ne me suis pas rendu compte du moment où elle est partie. Je sentais l'électricité de sa main, alors je pensais qu'elle était encore là. C'est ma nièce Phyllis qui m'a dit qu'elle était partie. Je me suis approchée de son chevet et j'ai vraiment pleuré. C'est la dernière fois que j'ai pleuré autant, parce que je savais qu'elle n'était plus là.

Je n'ai entendu parler des mauvaises choses qui se sont produites dans les pensionnats qu'après avoir terminé l'école. Je n'étais au courant de rien, pas même de ce que vivaient mes amis les plus proches ; ils n'en parlaient pas. Je suppose que c'est parce qu'on ne pouvait parler de rien, à l'époque – il fallait tout garder à l'intérieur.

Mais je pense que le pensionnat nous a surtout appris beaucoup de choses, bonnes comme mauvaises. On apprenait beaucoup de bonnes choses, alors j'aimais ça, mais il y avait aussi beaucoup de mauvais. Ils nous enseignaient la Bible et tout ça, mais en même temps, ils faisaient toutes sortes de mauvaises choses.

Je sais que je ne voudrais pas être traitée comme à la Mission, mais j'imagine qu'il fallait nous discipliner. Moi, j'ai élevé mes enfants avec une main de fer, mais je ne leur ai jamais donné la fessée. Aujourd'hui, ils sont plus vieux, mais s'ils dépassent les bornes, je le leur fais savoir quand même. Si je ne tenais pas à eux, je ne le ferais pas, mais c'est important pour moi. J'ai beaucoup de résilience et de patience. Je peux attendre et attendre. Il y a toujours le lendemain, à moins que je sois pressée. On a appris des techniques de survie de même que la lecture, l'écriture et les mathématiques. Il fallait qu'on apprenne tout à 100 %. Mais certains des nôtres ont souffert des abus là-bas. Et c'était mal – ils meurent encore de drogue et d'alcool dans les rues. Ils sont perdus.

Ça devait être pire au tout début des pensionnats, vraiment terrible, comme un camp de concentration. Ma mère a passé huit ans à la Mission, puis ils l'ont gardée deux années de plus pour qu'elle fasse la cuisine et la lessive. Elle nous racontait surtout les bonnes choses. Ils n'avaient pas de chaussures ; ils se promenaient toujours nu-pieds. Ils devaient être très endurcis. Je ne me rappelle pas ce qu'ils portaient en hiver. Nous, on avait tout, quand on allait à l'école, mais ceux de la génération de ma mère n'avaient rien. Elle a aimé certains des aspects, elle aussi. Elle parlait du baseball, elle adorait ça. Je pense que notre force nous vient de notre mère. Elle a tout appris, et c'était une fonceuse.

Je sais fabriquer des vêtements parce que j'ai appris à coudre, à repriser et à perler à la Mission. Je fais des regalia pour ma famille et je dessine plutôt bien. Je pense que c'est ce qui m'a gardée vivante, d'être restée positive toutes ces années-là. Il y a eu des moments où je n'avais plus envie de persévérer, mais je me rappelais qu'il fallait voir le bon côté des choses. Je pense que c'est ce qui a gardé ma mère en vie aussi. À l'âge de cent ans, elle commençait à se sentir déprimée, mais on priait ensemble, et après ça elle se sentait mieux, elle était tout sourire. Il fallait l'encourager à penser de façon positive, et elle allait mieux. Avec tout ce qui se passe de nos jours, nous devons rester positifs et être des Survivants.

Certaines personnes ont quitté notre Église, et j'allais partir moi aussi à cause de ce qu'ont fait les prêtres aux autres enfants. Mais ensuite, j'ai pensé : ce n'est pas le Créateur qui a fait tout ça, c'étaient ses subordonnés. Alors j'ai continué à aller à l'église. Mais je n'aimais pas ce qui se passait. Je l'ai appris aux nouvelles à la télé. Les prêtres niaient tout, certaines des victimes n'osaient pas prendre la parole parce qu'elles avaient honte. J'ai regardé une émission sur les abus. C'était difficile à regarder, ça me nouait l'estomac. Après ça, j'étais tellement affaiblie que je n'arrivais pas à marcher. C'était tellement effrayant – même si ça ne m'est pas arrivé à moi – que tant d'enfants, y compris dans ma propre famille, ont été victimes d'abus.

Les prêtres ne me manquent pas. Je prie chez moi, dans mon domicile. Ma mère nous disait : il faut prier, il y a des gens qui essaient de nous tuer, mais les prières sont puissantes. Je priais tout le temps, tous les jours. Je pense que c'est ce qui m'a sauvée : quand ma mère est partie, j'ai failli la suivre. Quand j'ai attrapé une pneumonie, j'ai failli arrêter de respirer à deux reprises, mais j'ai retrouvé mon souffle. On m'a emmenée aux urgences et on m'a mise sur un respirateur, mais j'ai survécu. Le pensionnat a fait de nous des Survivants. Je n'aimais pas leur façon de nous discipliner, mais on en avait besoin. C'est ce que je dis à mon fils : partout où tu vas, on va te discipliner, alors tu dois rester sage.

En tant que Premières Nations, nous sommes les gardiens de ce territoire, mais nous n'avons plus de terres. On a un seul petit espace, où il n'y a que des pierres. Ils nous ont pris nos terres et nous ont donné de la roche. Maintenant, on essaie de les récupérer, mais ils ont vendu les meilleurs terrains pour en faire des ranchs et ce genre de choses. Pour être autochtone, il faut être résilient et fort, il faut se battre pour ses droits et pour tout.

« On ne célébrait pas les anniversaires à la Mission, mais on ne les célébrait pas à la maison non plus. On ne recevait pas de cadeaux à Noël, mais on mangeait du poulet, et je ne me souviens pas avoir désiré autre chose. On ne savait pas que les cadeaux existaient. Tant qu'on avait quelque chose à manger, on était heureux. »

Hazel Agness Jack
(la tante de Phyllis Webstad)

Je m'appelle Hazel Agness Jack. Je viens de Canoe Creek/Dog Creek Band (Stswecem'c/ Xgat'tem). Je choisis d'employer mon deuxième nom, Agness.

Ma mère est Lena Jack, et mon père, Francis Camille. Mes grands-parents maternels sont Suzanne Edward Jim et George Jim. Mes grands-parents paternels sont Old Camille et Agnes Kalelest.

La vie avant le pensionnat

Je me souviens des nombreux voyages à dos de cheval ou en charrette que j'ai faits avec mes parents. Mon père nous attachait sur la selle pour qu'on reste en place. J'adorais monter à cheval. Je me souviens que quand ma mère cueillait des petits fruits, elle me portait sur son dos, attachée dans une couverture, quand j'avais un an. Je me rappelle être assise à terre chez ma grand-mère, à la regarder se trémousser en fredonnant, ou nous attraper les mains et danser avec nous. Je me souviens qu'elle faisait cuire du pain à la levure et qu'on le mangeait avec de la confiture maison. Je me rappelle ma grand-mère qui dirigeait la prière à l'église, même quand le prêtre n'était pas là.

Avec mes parents, je me sentais toujours en sécurité et j'étais bien avec eux dans la nature. Je me souviens de la prairie de mon père, qu'on appelait Francis Meadow. Mes parents pêchaient, chassaient, faisaient sécher la viande et le poisson… toutes sortes d'activités traditionnelles. À Spring Gulch, Tsewew'xe, il y avait un potager communautaire où les membres de la bande cultivaient des pommes de terre. Quiconque passait par là passait une journée ou deux à s'occuper du jardin et à l'irriguer.

Ma sœur aînée est allée au pensionnat. Elle revenait de l'école avec de nouveaux jeux et des chansons pour sauter à la corde. Mes trois frères et sœurs aînés, je ne les connaissais pas très bien, car ils vivaient avec notre grand-mère, Suzanne Edwards Jim, la mère de ma mère.

[Je me souviens quand] on a introduit le bien-être social, qu'on appelait « secours ». C'était une époque terrible pour notre communauté. Jusque-là, mes parents avaient subvenu à nos besoins en faisant équipe pour nourrir toute la famille. Le « secours » a changé les choses pour tout le monde. On le donnait aux femmes, ce qui a eu pour effet de couper l'herbe sous le pied aux hommes, qui ne pouvaient plus soutenir leur famille, d'après ce que j'ai pu observer.

J'ai de bons souvenirs de ma mère, de mon père, de mes tantes, de mes oncles, et de mes cousins et cousines. Maman nous a montré à prendre soin les uns des autres, à s'entraider. Les enfants les plus âgés surveillaient les plus jeunes. On allait à la pêche à la truite au printemps au lac Big Lake, comme on l'appelait. Sur la carte, il est désigné par le nom Gustafsen Lake. On campait là-bas. Je me souviens que mon père trappait le rat musqué, et ma mère disposait ses pièges à écureuils. Les poissons pondent dans les ruisseaux au printemps. Mon frère tenait son épuisette dans l'eau, et moi la mienne, pendant que ma mère dirigeait les poissons dedans. Les poissons n'essayaient pas de s'enfuir, ils remplissaient le filet sans arrêt. Je craignais d'échapper l'épuisette, qui devenait de plus en plus lourde, et de perdre tous les poissons. Tout d'un coup, ma mère surgissait de nulle part et attrapait le filet pour faire tomber les poissons sur la rive, loin de l'eau. Puis elle réinstallait l'épuisette et repartait. Notre chien Buster, un labrador noir, attrapait des poissons avec sa gueule et les faisait tomber dans ma pile ou dans celle de mon frère. Ce chien-là, c'était notre protecteur.

Le jour où on m'a emmenée

Je ne le savais pas, mais quand je suis partie au pensionnat, la police a emmené mon père à la prison Oakalla, à Vancouver, je crois. Ça, c'est une autre partie de notre histoire qui doit être racontée. Oakalla est l'endroit où l'on atterrissait si on était arrêté pour avoir été saoul dans la rue ou pour avoir enfreint les règlements de la Lois sur les Indiens.

Je suis allée à l'école à l'âge de six ans. Je le sais parce que c'est là que j'ai eu mes premiers vaccins, en 1956, au pensionnat. J'y suis arrivée en octobre. C'était à deux heures de route de Dog Creek, aux environs de 150 Mile House. J'étais chez ma grand-mère avec ma mère quand Terry Thompson, qui gérait le magasin, est arrivé là en camion, ce qui était inhabituel, car il se stationnait habituellement sur la route. Ensemble, on marchait jusqu'au Stagede Dog Creek, une fourgonnette qui nous conduisait au village. Ma mère nous a amenés au camion, mon frère et moi, après nous avoir donné le bain et nous avoir habillés de vêtements propres. Mon frère et moi, on a pris place derrière Terry, et je me suis demandé pourquoi ma mère ne venait pas. Ma mère et ma grand-mère nous ont regardés partir. Terry nous a emmenés directement à la Mission. Il n'y avait pas de fenêtres à l'arrière du camion, alors on n'a rien vu de la route. On se demandait tous les deux ce qui se passait. Je me souviens avoir vu le grand édifice blanc apparaître en tournant le coin. J'avais entendu parler de la prison et je me souviens avoir pensé qu'on s'en allait en prison, qu'on allait nous enfermer. J'imagine que quelqu'un m'avait déjà décrit à quoi ressemblait une prison.

Mes sœurs aînées sont sorties nous accueillir. Mon frère a été emmené du côté des garçons. Mes sœurs ont dû m'expliquer que j'étais là pour aller à l'école, mais tout ce que je me rappelle, c'est de m'être sentie seule et d'avoir eu peur. Je voulais pleurer, mais je n'y arrivais pas. Ma sœur Theresa m'a donné des bonbons, mais avec la boule dans ma gorge, je n'avais pas envie de les manger, alors je les ai gardés dans ma main droite. On nous a fait entrer dans la salle à dîner et je me rappelle m'être demandé comment j'allais manger avec ces bonbons dans ma main. Ma sœur me les a repris, et ma main est restée tachée de rouge. Je me souviens être restée assise là, à écouter les cuillères et les fourchettes tinter sur les assiettes, et tout le bavardage. C'était nouveau pour moi d'entendre le bruit de tous ces gens. J'ai cherché des yeux mon frère Clarence, mais je ne le voyais pas. Je me rappelle m'être sentie terriblement seule et avoir souhaité plus que tout de me retrouver chez moi avec mes parents. J'ai compris que j'étais coincée là. Je n'aimais pas l'allure des sœurs et des prêtres dans leurs longues robes noires.

Je suis tombée très malade à la veille de Noël, cette année-là. J'avais la tuberculose, donc je n'ai pas pu rentrer pour Noël. Je me rappelle avoir été très malade dans l'infirmerie et m'être sentie très seule. J'étais tellement faible et malade que je n'arrivais pas à monter dans mon lit. Le printemps suivant, on m'a emmenée dans un hôpital pour tuberculeux, où j'ai passé les quatre années suivantes. Ma famille me manquait, mais on était beaucoup mieux traités au Coqualeetza Indian Hospital qu'à la Mission.

Logement et nourriture

Il faisait toujours froid au moment de se mettre au lit. C'était long avant de se réchauffer et de trouver le sommeil. On entendait d'autres filles pleurer. Il m'arrivait sans doute de pleurer aussi, mais je ne m'en souviens pas. Je me rappelle les petites filles punies pour avoir fait pipi au lit. Je comprenais pourquoi elles faisaient ça, car le lit était tellement froid. C'était pas comme ça à la maison. Je me rappelle les pleurs dans la nuit, dans le dortoir, et c'était difficile à entendre. J'étais petite, alors je comprenais pourquoi elles pleuraient : elles s'ennuyaient de leur maison et elles n'aimaient pas être là.

Le lait était dégueulasse – je pense que c'était du lait en poudre. Ils nous donnaient de l'huile de foie de morue après l'école. On se mettait en file par groupes d'âge et ils nous aspergeaient la langue d'huile. Plus tard, c'était une pilule noire de foie de morue qu'on gardait sous la langue et qu'on recrachait en sortant jouer dehors. Le poisson était un élément important de notre régime, à la maison. On avait un mode de vie beaucoup plus sain chez nous qu'à la Mission. Ils faisaient pousser des pommes de terre, là-bas, mais ils vendaient les meilleures. Celles qu'on nous donnait étaient grisâtres et il y avait de gros morceaux de navets cuits. À ce jour, je déteste cuisiner le navet. On appelait la nourriture de la « bouette ». Je me souviens qu'en sautant à la corde, les filles les plus vieilles chantaient des chansons, et il y en avait une sur les patates pilées et la bouette.

Relations

Je trouvais que les religieuses étaient très dures avec nous, très froides. Méchantes, même. Je n'avais jamais connu ce genre de traitement de la part d'adultes, car on dit qu'il faut toute une communauté pour élever un enfant, et c'était comme ça quand j'étais petite. Il y avait toujours des adultes pour nous surveiller, s'assurer qu'on ne fasse rien de dangereux, rien pour se blesser. Mes tantes, mes oncles et ma grand-mère faisaient tous partie de ma vie, et ils nous faisaient tous savoir si on faisait quelque chose qu'il ne fallait pas faire, mais jamais d'une façon méchante – ils ne nous donnaient jamais la fessée, ne nous maltraitaient jamais. Pas comme à la Mission, où une bonne sœur pouvait nous attraper par le bras et nous revirer de bord pour nous parler. Elles étaient assez méchantes. Et elles ne m'appelaient jamais par mon prénom, Hazel, mais bien par un numéro. La plupart du temps, à la maison, on m'appelait Helly. Mon frère ne savait pas prononcer mon vrai nom, et c'est comme ça qu'il le prononçait, alors tout le monde s'est mis à m'appeler Helly. On ne voyait jamais les garçons, seulement en classe ou à la chapelle, ou bien dehors, mais il y avait une frontière invisible qu'on n'avait pas le droit de traverser. Je voulais tellement me sortir de cet endroit.

Des cliques se sont formées. Après avoir passé des années au sanatorium, ça a été un choc pour moi de retourner au pensionnat, dans un tel contexte social. Je n'avais pas le droit d'être amie avec les ennemis de ma sœur, ou parce qu'ils étaient des tribus Chilcotin ou Carrier, mais j'étais parmi les seuls à avoir des amis dans les trois groupes tribaux. Il y avait aussi des personnes de la tribu Lillooet ou de la nation St'at'imc à la Mission. J'ai décidé d'ignorer les règles non écrites et j'étais ostracisée pour cette raison-là.

Langue

On parlait couramment le secwépemc (langue shuswap). Notre mère nous a appris les nombres, les couleurs et les prières en anglais avant notre départ pour l'école. On pouvait se parler dans notre langue quand les sœurs n'étaient pas là.

Punitions

En 5e année, j'ai quitté le Coqualeetza Indian Hospital pour retourner à la Mission. La mère supérieure descendait à la salle de jeux le samedi soir, et les sœurs lui donnaient une liste de noms à convoquer à l'avant de la file. On était déjà en file pour regarder un film, les samedis soir. La mère supérieure nous appelait, et je me rappelle qu'elle a dit mon nom une seule fois. Elle avait une sangle de cuir avec un fil de fer au bout qui servait de crochet pour la suspendre. Il fallait tendre les mains et elle les fouettait.

Une de mes amies m'a dit que si on contractait la paume juste avant le coup de courroie, ça faisait moins mal, alors c'est ce que j'ai fait. Mais la sangle a atterri entre la paume et le pli du coude. Plus tard, j'ai appris que c'était le seul endroit où ça ne laisserait pas de bleu, et c'est pour ça qu'on nous tapait là. On ne nous disait pas pourquoi on nous punissait, et si on demandait, on nous tapait davantage. À ce jour, je ne sais pas pourquoi on m'a tapée. Ma sœur aînée Theresa m'a demandé pourquoi j'avais été punie, et ce qui m'a fait le plus mal, c'est quand Theresa ma réprimandée parce que je ne savais pas pourquoi j'avais été fouettée.

On s'est rendu compte qu'être punis en groupe, c'était mieux qu'individuellement. Alors quand quelque chose se produisait, on ne disait rien aux sœurs, qui voulaient qu'on leur indique la personne ou les personnes qui s'étaient chamaillées ou qui avaient enfreint une règle quelconque. La punition de groupe se déroulait dans la salle de jeux, où on devait s'agenouiller sur le plancher de ciment, toujours par groupe d'âge. Et après environ une heure ou une demi-heure, les petites filles allaient toujours se coucher, et la mère supérieure venait nous faire la leçon. Je ne me rappelle pas de ses tirades. J'étais dans la lune et j'avais l'esprit ailleurs pendant qu'elle parlait. Je replongeais dans mes souvenirs de la maison – je n'écoutais pas la mère supérieure qui faisait les cent pas. Une fois de temps en temps, je ramenais mon esprit dans la salle de jeux. La punition de groupe, c'était mieux que de voir les filles punies séparément.

Je me rappelle quand certaines de mes amies se sont enfuies, en 6e année. Quand on les a ramenées à la Mission, on leur a rasé les cheveux en laissant seulement une frange à l'avant. Les filles portaient un mouchoir autour de leur tête dans la salle à manger, dans la chapelle et en classe, mais quand on était entre filles seulement, elles n'avaient pas le droit de le porter. Elles se sentaient probablement très humiliées, mais on ne les taquinait jamais là-dessus. La mère de mon demi-frère George Sargent l'a envoyé au pensionnat parce qu'elle voulait qu'il apprenne à lire. Il s'est enfui trois fois, et la troisième fois, ils n'ont même pas cherché à le récupérer. Je lui avais demandé s'il était allé à l'école, parce que je l'avais vu lire à l'occasion, quand je lui rendais visite.

Visites dans la famille

Ma mère venait toujours nous voir à Pâques et passait près d'une semaine avec nous. Mon père ne venait jamais. On rentrait quelques semaines à Noël, mais je n'ai pas pu y aller l'année où je suis tombée malade. Ils ne l'ont pas dit à ma mère, et ne lui ont pas dit non plus que j'avais été envoyée à l'hôpital pour tuberculeux. Elle l'a appris quand mes frères et sœurs sont rentrés pour l'été. Ils ne lui ont jamais écrit pour lui expliquer que j'étais malade. Mes trois plus jeunes frères et sœurs sont nés pendant que je n'étais pas là. J'étais au courant parce que ma mère m'écrivait de temps à autre.

À Noël et en été, c'était très agréable d'être à la maison. Une semaine ou deux avant de retourner à la Mission, je me renfermais et je m'empêchais d'avoir des émotions et de ressentir quoi que ce soit. Je ne voulais rien sentir. Je ne parlais pas de la Mission à mes parents. Quand on leur écrivait, ils censuraient nos lettres. Ils caviardaient une bonne partie de nos lettres et nous demandaient de les réécrire.

Correspondance et partage d'émotions

Ma mère nous écrivait toujours, et ses lettres étaient censurées aussi. Elle a appris à écrire ce que j'appelle des lettres futiles, des lettres sans aucun sentiment, simplement factuelles. Même plus tard dans sa vie, ma mère continuait à écrire des lettres où elle parlait des autres et non de la famille. Et elle ne répondait pas aux questions personnelles que je lui posais par écrit.

Notre enseignant de 5e année, M. Point, dans son cours d'anglais, sachant qu'on avait le droit d'envoyer des lettres à la maison, nous a donné un exemple qu'on pouvait suivre : « Chers maman et papa, juste un mot pour vous dire que tout va bien. Je vais bien, mon frère va bien, mes sœurs vont bien, tout le monde va bien. »

Il savait quel genre de lettres on devait envoyer. C'est dur de ne pas pouvoir raconter son expérience, et nos parents ne nous posaient jamais de questions sur la Mission quand on rentrait.

Conséquences du pensionnat

Je me souviens qu'en discutant avec ma mère, dès que la conversation devenait émotive, quand venait le temps de partager mes sentiments, ma mère se refermait. Ses yeux se voilaient et elle ne m'écoutait plus vraiment. Je n'étais pas censée parler de mes émotions, alors j'ai appris à les garder en moi pendant très longtemps.

Ce que j'ai vécu m'a déterminée à m'accrocher à ma culture, à qui j'étais avant le pensionnat. Ça m'a résolue à en apprendre le plus possible sur qui je suis en tant que personne secwépemc. Je me disputais avec les religieuses en pensée : « Non, c'est pas vrai », leur disais-je, « mon peuple n'est pas une bande de saoulons, tu ne connais pas les miens, tu ne connais pas mes parents, tu ne connais pas ma grand-mère ». J'argumentais contre elles dans ma tête. Mais j'ai aussi appris à jouer leur jeu. Elles voulaient qu'on devienne de bonnes petites filles catholiques. Qu'on devienne ce qu'on appelle Stemestut, « blanches à l'intérieur ». J'ai appris à voir la chapelle comme l'espace où je pouvais me tenir debout à écouter le prêtre parler en latin, tout en laissant mes pensées s'évader ailleurs. C'était ma façon à moi de fuir, et ça me donnait un peu d'espace vital parce que les sœurs pensaient que j'étais une bonne petite fille catholique et me laissaient tranquille. En parlant à certaines des autres filles, des années plus tard, je me suis rendu compte que plusieurs d'entre elles faisaient la même chose. Elles allaient souvent à l'église, elles aussi, et c'était pour cette même raison : c'était une forme d'évasion. Et pour faire croire aux sœurs qu'on était de bonnes petites filles catholiques pour qu'on nous laisse en paix.

Tout ce qui s'est passé ici, je pense que ce n'était pas la faute de l'Église. Je n'accuse pas l'Église de toutes ces choses, mais bien les individus qui nous ont agressés physiquement, mentalement, émotionnellement et spirituellement, et je tiens le gouvernement responsable, car il a été complice. Toute ma vie, j'ai éprouvé les effets de la Loi sur les Indiens. Le pensionnat, c'est une seule facette de cette expérience.

Je ne voulais rien savoir des excuses du gouvernement en 2008. Ceux qui doivent s'excuser, ce sont les prêtres et les religieuses. Oui, le gouvernement nous a envoyés là, mais ce sont les prêtres et les religieuses qui nous ont fait du mal. J'aurais trouvé ça plus significatif si ç'avait été le pape ou encore le chef de l'Église catholique en Colombie-Britannique qui nous avait présenté ses excuses. Il aurait fallu que le gouvernement s'excuse pour plus que les pensionnats : pour toute la Loi sur les Indiens. J'ai trouvé ça plutôt vide, à vrai dire.

Je pense que c'est essentiel pour les personnes qui ont fréquenté les pensionnats de partager leurs histoires afin qu'elles ne restent pas dans nos têtes, à nous rendre fous, à nous écraser. Tant des nôtres ont disparu à cause du pensionnat, de l'alcoolisme, parce qu'ils se sont maltraités à cause du pensionnat, parce qu'ils se détestaient, probablement parce qu'ils n'avaient plus aucune estime de soi. Certains parmi nous perpétuent le legs de pensionnats avec une violence latérale – pas seulement les membres de nos communautés, mais aussi les chefs et leur personnel – en continuant à s'attaquer violemment aux leurs.

Nos enfants et nos petits-enfants doivent comprendre ce qui s'est produit, et on doit examiner la façon dont on les élève et dont on se comporte entre nous à cause des pensionnats. Le désir de contrôle, par exemple – je pense que ça participe de l'alcoolisme aussi, l'envie de contrôler. À la Mission, tout était une question de pouvoir et de contrôle. Chaque minute de la journée était planifiée à notre place. On se levait le matin, on s'agenouillait, on priait, on allait à la salle de bain, on se débarbouillait, on retournait au lit, on s'habillait, on descendait, on faisait la file, on entrait dans la salle à manger, on priait à nouveau. On priait encore une fois avant le repas et on s'asseyait pour manger, puis on allait faire nos corvées. À partir de la 3e année, on avait des tâches à accomplir avant les cours. On se plaçait en file, on se dirigeait vers le pavillon de l'école, on entrait en classe, et avant de s'asseoir, on récitait une autre prière. Tout était prières et rituels. En quittant le pensionnat, on a emporté ce contrôle constant dans notre vie quotidienne. Plus les religieuses ont tenté de nous contrôler de force, plus on exerçait de force sur notre famille. Essayer de contrôler par la peur, comme on nous contrôlait au pensionnat. Crier et hurler et devenir fous. Il faut parler des conséquences des pensionnats. On mentionne parfois les comportements au passage – certains en font une excuse, un souffre-douleur, mais il faut changer ces comportements dans nos familles. Le besoin de s'interposer dans les affaires des autres. Ça m'a pris longtemps avant d'arrêter de sentir le besoin de contrôler et de changer les gens. Je me suis rendu compte que la seule personne que je peux changer et contrôler, c'est moi-même. Et je dois prendre soin de moi-même, m'aimer malgré ce que j'ai traversé à cause du pensionnat.

J'ai pris part à un programme de désintoxication et j'ai appris qu'une bonne partie de mes comportements, de la façon dont j'ai appris à agir, venait du pensionnat. Ma mère aussi y est allée parce que notre grand-mère voulait qu'elle ait « une éducation ». Mon père n'y est jamais allé, il nous soutenait et laissait ma mère s'occuper de la discipline. Et ma mère, qui est allée au pensionnat, se fâchait contre nous pour un rien et ne voulait jamais discuter des raisons derrière nos gestes. Elle n'essayait pas de comprendre ce qui se passait au-delà de la colère. Dans le programme de désintox, j'appris que je pouvais changer mon comportement et la façon dont je choisis de réagir au comportement des autres. J'ai appris que personne ne me fâchait, que faisais le choix de me fâcher, de réagir avec des mots de colère. J'ai lentement appris à m'aimer, à me rendre compte que je pouvais être une personne digne d'amour malgré tout ce qu'on m'a répété sans arrêt au pensionnat.

Ma mère, ayant fréquenté le pensionnat, n'arrivait pas à nous montrer comment elle se sentait, ou alors elle nous le montrait, mais sans nous le dire. Elle nous le montrait parfois en trouvant les bons mots dans une carte de vœux et en nous donnant ces si belles cartes. Quand j'achetais une voiture usagée plus récente ou que j'atteignais un objectif, ma mère me donnait une carte au lieu de me dire « je t'aime, je suis fière de toi ».

J'ai appris à accepter les différentes façons dont elle nous le montrait. En cueillant des petits fruits, en travaillant fort et longtemps dans son potager, en créant des super souvenirs de Noël, en venant nous rendre visite à Pâques… elle nous montrait de tant de façons différentes qu'elle nous aimait. Je n'ai pas souvenir d'autres personnes qui seraient venues nous rendre visite à la Mission, mais je pouvais toujours compter sur ma mère pour être là à Pâques. J'ai dû apprendre à accepter que ma mère nous aimait très fort, mais qu'elle ne nous le dirait jamais. Elle choisissait des cartes de souhaits pour nous dire les mots qu'elle ne pourrait jamais prononcer. C'est comme ça que je choisis des cartes pour mes nièces et neveux, mais j'ai aussi appris à dire ce que je sens réellement, d'être capable de leur dire, de façon sentie et avec le sourire : « Je t'aime ».

Les amitiés que nous avons nouées au pensionnat nous

accompagnent toute notre vie. Quand ma mère parle de ses amis de la Mission, elle les appelle ses « camarades de classe ». J'ai encore beaucoup d'amis du pensionnat. Je n'aurais jamais rencontré certains d'entre eux si on était allés à l'école dans nos propres communautés. On connaît intimement les expériences qu'on a traversées ensemble, et sachant qu'on y a survécu, on n'a pas besoin d'en parler. J'ai perdu beaucoup d'amis qui m'étaient très chers au fil des années. Ceux que je ne vois pas souvent, on se serre dans nos bras en se retrouvant et on prend des nouvelles les uns des autres. Ma mère avait l'habitude de faire ça avec ses amis à elle – ils reprenaient là où ils s'étaient arrêtés la fois précédente. Ça, c'est quelque chose que l'école n'aurait jamais pu prévoir, ces amitiés profondes et ces réseaux de soutien. On se parlait de nos rêves et de nos espoirs, de ce qu'on voulait faire de nos vies le jour où on sortirait. Si on le souhaitait, je suis persuadée qu'on pourrait avoir une unité plus forte au sein de nos Premières Nations à cause de nos expériences partagées, non seulement au pensionnat, mais aussi sous la Loi sur les Indiens.

J'ai fait des cauchemars très longtemps après avoir quitté l'école. Dans mes rêves, j'essayais de me rappeler que l'endroit n'existait plus, que je n'étais plus là, qu'il n'y avait plus de Mission. J'ai tenté de rester proche de mes deux plus jeunes sœurs avant de partir pour l'école secondaire à Prince George. Je voyais chez mes jeunes frères et sœurs une solitude, le sentiment d'être perdus, complètement seuls et tristes. Je pouvais voir chez eux les choses que j'avais ressenties en commençant l'école. Je leur en ai reparlé à l'âge adulte, de cette époque où j'essayais de passer du temps avec eux, à leur tendre la main de la seule manière que je pouvais, simplement en m'asseyant avec eux. Ils ne se parlaient pas vraiment au début, et après un certain temps, ils couraient partout et s'amusaient. Dans les premiers mois, je m'asseyais simplement avec eux, pour être en leur présence.

Une amie à moi m'a demandé si j'étais allée au pensionnat, et ça m'a fait un choc, parce qu'on était amies au pensionnat. Ça m'a montré à quel point certains individus étaient traumatisés, au point d'oublier. Leur mémoire a choisi de mettre de côté certaines choses.

Au sanatorium Coqualeetza, on s'occupait de nous. Il n'y avait pas autant de règles à suivre, la nourriture était bonne, et les infirmières et les enseignants étaient gentils. Ils ne nous dénigraient pas et ne parlaient pas en mal de nos parents. C'était un choc de retourner à la Mission – il y avait tellement de règles, j'étais censée oublier mon « indianité ». Ce qu'ils ignoraient, c'est que plus ils tentaient de nous enlever une chose, plus on s'y agrippait fortement. Et pendant l'été, on était en immersion complète dans notre vie shuswap. Mes parents nous faisaient sortir sur la terre où on chassait, pêchait et cueillait des petits fruits. C'était une véritable bouffée d'air frais de retourner à tout ça. De savoir qui on était, que nos parents étaient des personnes formidables qui nous donnaient l'exemple. Et pas seulement nos parents, mais aussi nos tantes et nos oncles.

Mes parents prenaient soin de nous expliquer pourquoi on allait à ces endroits où on chassait, pêchait et cueillait, que ces lieux renfermaient une histoire. Qu'ils font partie de nous depuis très longtemps, que le territoire fait partie de notre identité. Ce n'est pas tout le monde qui a vécu ça, et je trouve ça triste. C'est une question qu'on soulève sans cesse dans notre communauté : « Comment récupérer notre culture ? » Et ma réponse à moi, c'est « en la vivant, tout simplement ». En disant ça, je me rends compte à quel point on a eu une éducation familiale riche, ma fratrie et moi.

Quand ma mère, ma sœur et moi sommes sorties cueillir des fraises aux abords de la ligne électrique, et que la petite fille de ma sœur, Vanessa, était assise sur une couverture, à manger des petits fruits, ma mère a dit : « Je ne pensais pas que je verrais le jour où ma petite-fille mangerait des baies. » Toutes les deux, on a regardé notre mère et on a dit : « Pensais-tu vraiment qu'ils nous enlèveraient ça à la Mission ? » Ma mère pensait qu'on perdrait qui on est en allant à la Mission, sans se rendre compte qu'elle et notre père nous avaient toujours maintenus dans notre culture, dans la connaissance et la compréhension du territoire. « C'est le temps qu'elle apprenne les choses que j'ai apprises de toi », m'a-t-elle dit. On sort les enfants sur le territoire et on leur en parle, pourquoi on est là, pourquoi on cueille des fraises, des baies de genièvre et du thé du Labrador, pourquoi on pêche la truite au printemps – parce que c'est qui on est. Tout ça fait partie de qui on est.

Ma mère nous a appris à réfléchir, pas seulement à réagir, mais à penser. Pendant toutes ces années, je me suis servie de mon cerveau pour rester en forme. Une chose dont je me souviens, c'est que quand j'étais jeune, les plus petits – les « papoose », comme ma mère appelait les bébés – savaient qu'ils étaient aimés. C'est clair à la façon dont les gens gravitent vers les tout-petits quand on se rassemble. On les prend dans nos bras, on les serre contre nous et on leur parle, avant qu'ils ne soient assez vieux pour aller courir et jouer. Les bébés sont le centre de l'attention, la promesse d'un avenir radieux. J'ai appris de ma mère, quand mes neveux et mes nièces sont arrivés, à quel point les nôtres ont hâte de rencontrer le « dernier-né ». J'ai compris qu'il n'existait pas d'« enfant non désiré », que nous sommes tous uniques et adorés avant même notre naissance.

« *On rentrait quelques semaines à Noël, mais je n'ai pas pu y aller l'année où je suis tombée malade. Ils ne l'ont pas dit à ma mère, et ne lui ont pas dit non plus que j'avais été envoyée à l'hôpital pour tuberculeux. Elle l'a appris quand mes frères et sœurs sont rentrés pour l'été. Ils ne lui ont jamais écrit pour lui expliquer que j'étais malade.* »

Jeremy Boston
(le fils de Phyllis Webstad)

Jeremy Boston est secwépemc, de Dog Creek/Canoe Creek.

Je suis seulement allé [au pensionnat] pendant une saison [en 1996], parce que c'était considéré comme une école de hockey, à l'époque. C'était à Duck Lake, en Saskatchewan. L'école, c'était St. Michael's. Je suis allé là pour un programme de hockey ; à l'époque, on ne savait pas que c'était un programme de pensionnat. Je suis allé là à l'âge de 14 et 15 ans.

Je ne me souviens pas comment on a entendu parler de ce programme de hockey ici, mais j'ai choisi d'y aller parce que je pensais que c'était une bonne occasion pour moi. J'étais jeune et j'étais bon au hockey. À l'époque, j'étais parmi ceux qui comptaient le plus de buts à l'association du hockey mineur de Kamloops.

Première journée d'école

Ma mère était toujours occupée. Occupée à préparer son avenir, j'imagine. Ma tante Agness jouait un rôle important dans nos vies – elle nous a un peu élevés tous les deux. Je me souviens du jour où je suis parti pour l'école. Ma mère travaillait chez Pêches et océans Canada à l'époque, ici à Kamloops, et je me rappelle que ma tante m'a emmené dans son vieux camion Ford, qu'on surnommait Bru. On est passés par le Montana, puis on a retraversé la frontière pour arriver en Saskatchewan. C'était un voyage pour le moins mémorable. Le plus dur, c'était quand ma tante m'a laissé là, et j'étais tout seul, et je ne connaissais personne.

La vie au quotidien

On dormait dans des dortoirs, et il fallait garder son lit propre et bien fait tous les jours. Nos quartiers étaient séparés de ceux des filles par une grande grille. Le seul temps qu'on passait ensemble, c'était pendant

Photo de Jeremy Boston par Danielle Shack de DS Photography

les cours et les repas. C'était un peu glauque, vu que c'était un pensionnat. On n'était pas tellement supervisés, là-bas. Il n'y avait personne sur l'étage de notre dortoir. Les étages étaient divisés par groupes d'âge.

C'était un peu dur d'être là, par moments, parce que je n'avais pas de famille, pas d'amis. Les gens restent chacun de leur côté, dans des groupes rassemblés par province, parce qu'il y avait des Premières Nations de partout au pays dans cette école-là. C'était dur : il y avait des gens de l'Alberta qui se tenaient ensemble, mais comme j'étais le seul de Colombie-Britannique, c'était difficile de se faire des amis. Il y avait toujours la peur de se battre et de se confronter. C'étaient comme des petites cliques de provinces. Même si on jouait pour la même équipe de hockey, il y avait quand même des rivalités entre nous parce qu'on était de Nations différentes. C'était une lutte pour la survie.

Conséquences

Mes souvenirs de là-bas, c'est la première fois que j'ai quitté ma province, la Colombie-Britannique, et ma zone de confort. Je me rappellerai toujours certaines des personnes avec qui j'étais à l'école. Dans mon souvenir, c'était parfois épeurant, et quand j'y repense, c'est parce que j'étais toujours seul ; je me sentais tout le temps seul.

Le système des pensionnats a eu des conséquences sur ma grand-mère – la mère de ma mère –, ma grand-maman Rose et ma mère. Elles sont toutes allées au pensionnat. L'effet a été énorme parce que premièrement, on a perdu notre culture. Moi, je connais seulement quelques mots de ma propre langue. Elle nous a été enlevée, en commençant par mon arrière-grand-mère Lena.

Ça s'est transmis de génération en génération, cette pression de devenir chrétiens, catholiques. Moi, je ne crois pas à tout ça, je n'appartiens à aucune église. Je sais que dans ma famille, certains y sont encore dévoués, mais moi, je n'accepte tout simplement pas d'églises dans ma vie.

La langue est l'obstacle principal. J'aimerais qu'on puisse la retrouver, mais on ne la récupérera jamais. Je pense que la langue a disparu, il me reste seulement quelques mots. Je ne peux même pas enseigner ma langue à mes enfants parce qu'il n'y a plus personne pour l'enseigner. Le gouvernement a accompli ce qu'il voulait et a tout enlevé à ma famille et à toutes les familles qui ont fréquenté les pensionnats et qui ont perdu leur culture et leur langue.

Trauma intergénérationnel

Quand ma mère m'a eu, elle avait 13 ans, alors j'ai surtout été élevé par ma tante. Il y avait beaucoup d'alcoolisme et me rappelle les mauvaises relations entre ma mère et mon père biologique. Je me souviens encore de tout ça. Ce que je fais, de mon côté, c'est briser les cycles. J'ai gardé tous mes enfants et ma femme sous mon toit pendant les 16 dernières années.

Ma mère n'a jamais connu ce que c'est que d'avoir un père présent. Ma grand-mère, je ne pense pas qu'elle a eu une vie de famille heureuse. La figure paternelle n'existait tout simplement pas, même dans ma vie à moi.

Un message aux élèves qui apprennent l'existence des pensionnats

Le passé est quelque chose qui ne peut pas être effacé, mais qui peut être guéri grâce à l'éducation et au savoir. Apprenez à travers les récits ; vous n'êtes jamais seuls, n'ayez pas peur, votre voix est puissante. Apprenez pour pardonner et aller vers l'avant.

« *Je me rappellerai toujours certaines de personnes avec qui j'étais à l'école. Dans mon souvenir, c'était parfois épeurant, et quand j'y repense, c'est parce que j'étais toujours seul ; je me sentais tout le temps seul.* »

Mason and Blake Murphy (les petits-fils de Phyllis Webstad)

Mason Murphy, 12 ans, et Blake Murphy, 17 ans, sont de Dog Creek/Canoe Creek. Ils sont d'origines secwépemc, chilcotine et chinoise.

Mason et Blake appartiennent à la sixième génération de la famille de Phyllis Webstad à figurer dans ce livre. Voici quelques questions qu'on leur a posées sur les pensionnats, ainsi que leurs réponses.

En sachant que plusieurs membres de votre famille sont allés au pensionnat, que savez-vous du système des pensionnats?

Mason: Ce que je sais du système des pensionnats, c'est que le gouvernement prenait les enfants à leurs parents et les emmenait au pensionnat. Je sais aussi que si les parents refusaient d'envoyer leurs enfants, ils étaient menacés de prison. Je sais aussi qu'une fois que les enfants étaient au pensionnat, on leur prenait leurs vêtements et leurs effets personnels, et on leur faisait porter un uniforme. Aussi, je sais que les enfants devaient dormir au pensionnat 300 nuits par année. Je sais qu'on les empêchait de s'enfuir pour rentrer chez eux. Je sais aussi que les enfants n'avaient pas le droit de parler leur langue.

Blake: C'était tordu, et ils abusaient mentalement et physiquement des enfants, ce qui les a traumatisés à vie.

Quelles conséquences pensez-vous que les pensionnats ont eues sur votre famille ?

Mason : Je pense que le pensionnat a affecté notre famille en nous enlevant la capacité de parler notre langue.

Blake : Ça a fait de nous des personnes plus fortes. Mais ça aussi changé la façon de penser, les croyances et la culture, et ça nous a fait perdre la langue. Ça nous a rendus plus blancs, comme société, à cause de la perte de la culture et des traditions.

Comment pensez-vous que ça vous affecte personnellement ?

Mason : Je pense que ça m'affecte en m'enlevant la possibilité de parler ma langue et de connaître toutes mes traditions.

Blake : Je ne pense pas que ça m'a changé, mais ça a eu un effet sur le système scolaire actuel.

Que diriez-vous aux autres Survivants des pensionnats et/ou aux enfants dont les parents et/ou grands-parents sont allés au pensionnat ?

Mason : Mon message à ceux qui sont allés au pensionnat, c'est de ne jamais oublier vos traditions et votre culture. Mon message aux enfants qui ont des parents qui sont allés au pensionnat, c'est de tenter d'enseigner autant de culture à vos enfants que vous pouvez.

Blake : Je suis reconnaissant que vous ayez survécu pour raconter votre histoire, vous êtes forts et vous avez survécu et vous êtes vivants.

Y a-t-il des histoires que vous ont racontées des membres de votre famille qui vous ont particulièrement marqués ?

Mason : L'histoire de ma grand-mère.

Blake : Ce qui m'a marqué, c'est le récit de ma grand-mère sur le pensionnat.

Pourquoi pensez-vous que c'est important que tous les élèves sachent ce qui s'est passé dans les pensionnats ?

Mason : Je pense que c'est important que tous les élèves écoutent les Anciens quand ils parlent des pensionnats, et d'en apprendre plus.

Blake : Que les pensionnats ont gâché ce que les cultures auraient pu être. Imaginez ce qu'on aurait pu être et ce qu'on aurait pu apprendre sans les pensionnats !

Est-ce qu'il y a autre chose que vous aimeriez partager ?

Mason : La seule chose que j'aimerais partager, c'est que j'aime mon école parce que j'aime l'anglais et les maths et mes enseignants. J'aime l'école, je peux socialiser et rentrer chez moi après, dans ma famille.

Blake : S'il vous plaît, restez conscients de la Journée du chandail orange. Continuez à éduquer les autres. Permettez aux écoles de recevoir des visiteurs pour qu'ils partagent leur expérience du pensionnat.

« *Mason : Mon message à ceux qui sont allés au pensionnat, c'est de ne jamais oublier vos traditions et votre culture. Mon message aux enfants qui ont des parents qui sont allés au pensionnat, c'est de tenter d'enseigner autant de culture à vos enfants que vous pouvez.*

Blake : Je suis reconnaissant que vous ayez survécu pour raconter votre histoire, vous êtes forts et vous avez survécu et vous êtes vivants. »

Lynn Eberts
(l'enseignante au primaire de Phyllis Webstad)

Lynn Eberts est la gentille enseignante que Phyllis Webstad a eue à l'école publique de Williams Lake, où elle est allée pendant son année au pensionnat Mission Saint-Joseph. Lynn se rappelle son expérience d'enseignement auprès d'élèves du système des pensionnats.

Lynn Eberts est la gentille enseignante que Phyllis Webstad a eue à l'école publique de Williams Lake, où elle est allée pendant son année au pensionnat Mission Saint-Joseph. Lynn se rappelle son expérience d'enseignement auprès d'élèves du système des pensionnats.

J'ai eu [...] des enfants [du pensionnat] seulement pendant un an, mais c'était suffisant pour me briser le cœur. Lorsqu'on a quitté cette communauté, je n'ai pas cherché à savoir ce qui était advenu de ces élèves ni du système des pensionnats. Lorsque je repense à ces années et au début de ma carrière d'enseignement, je me demande comment j'ai pu être aussi naïve.

À la fin des années 1960, je faisais partie d'une cohorte de jeunes enseignantes qui ne connaissaient à peu près rien de la culture et de l'histoire des Premières Nations en arrivant sur le marché du travail. Nous étions très peu conscientisées et très mal informées. On voyait des choses à la télé ou dans les journaux où les Autochtones avaient l'air si miséreux. Plusieurs d'entre nous en avons été frappés, et ça nous semblait incompréhensible. Je me souviens avoir pensé : « Mais pourquoi vous ne rentrez pas chez vous ? »

Après avoir déménagé, occupée dans ma nouvelle communauté, l'idée d'explorer les enjeux et les situations que j'avais laissés derrière moi ne m'a pas traversé l'esprit. Cela dit, on a eu vent des accusations d'abus contre l'évêque. J'avais mal au cœur en pensant à ce qui s'est produit dans ce pensionnat. Les vies de ces petits étaient plongées dans la tourmente. Comme je l'ai appris par la suite, des personnes comme la grand-mère de

Phyllis ont terriblement souffert. On leur a ravi leur langue, leur patrimoine, leur dignité et l'occasion d'apprendre comment être un parent. Cela a eu des effets complexes et durables. Plusieurs Premières Nations ont encore du mal à réapprendre ce qui leur a été enlevé.

Quand un élément du passé des pensionnats revient dans l'actualité, j'y suis immédiatement attirée en raison de mes premières expériences d'enseignement. Le problème ne touchait pas que la Colombie-Britannique. Il y avait des pensionnats partout au Canada, et il y a énormément d'histoires tragiques. Récemment, on a entendu parler des enfants morts d'abus ou de maladies qui ont été enterrés sous des tombes anonymes sans aucun marqueur pour indiquer le lieu où ils reposent. C'est impensable que de telles choses soient arrivées, car nous nous faisons une fierté d'être de bonnes personnes qui s'attendent à ce qu'on accorde aux autres la même décence qu'à nous-mêmes.

Il y avait une volonté de christianiser et de « sortir l'Autochtone de l'Autochtone ». Cette volonté remontait au plus haut de l'échelle gouvernementale et de la hiérarchie religieuse, dont les représentants entérinaient cette démarche et la considéraient comme juste. Il y avait de nombreuses personnes dans des postes de pouvoir, au sein du gouvernement comme de l'Église, qui voyaient les Autochtones comme des moins qu'humains, et n'avaient aucun scrupule à leur imposer leurs propres valeurs et leur propre langue. Parce que les Premières Nations vivaient, s'habillaient, parlaient différemment de la majorité blanche et ne lui ressemblaient pas, elles étaient considérées comme des êtres inférieurs à transformer. C'est une terrible erreur dans l'histoire de notre pays.

La classe de Phyllis était un groupe très joyeux. On a passé une excellente année ! Dans ces années-là, les enseignantes avaient beaucoup moins de problèmes sociaux et comportementaux à gérer dans leurs classes. Les élèves arrivaient à l'école avec, à première vue, beaucoup moins de bagage émotionnel. L'atmosphère à l'école était très différente à l'époque, et même si tous les élèves ne venaient pas de familles heureuses, ils étaient beaucoup plus respectueux de leurs profs. Pour moi, c'était une belle époque, en apparence idyllique. J'idéalise probablement un peu tout ça, même si je m'efforce de ne pas le faire ! Je me sens comme une « mère » incroyablement privilégiée d'avoir passé du temps avec tous ces petits enfants ! J'ai été très chanceuse comme enseignante… Il y a un lien privilégié auquel on tient beaucoup, comme prof de primaire, on espère avoir eu un effet positif sur la vie de quelqu'un. Je me sens si heureuse d'avoir fait partie de la vie de tellement d'enfants…

J'aurais aimé avoir été consciente de tout ce qui se passait sur la réserve voisine, au pensionnat et dans la communauté où j'enseignais. Je ne savais pas que c'était un enjeu intergénérationnel et qu'il y avait toute une histoire derrière ces enfants de six ans. Je ne suis pas certaine que je me serais sentie assez en confiance pour prendre la parole ou y faire quoi que ce soit, mais je pense que si j'avais su certaines choses, cela m'aurait accordé une fenêtre dans la vie de ces enfants, au-delà du simple fait de leur enseigner. J'aurais souhaité en savoir plus sur ces enfants et leur famille… On sait qu'il y a eu des personnes réellement mauvaises qui ont saisi l'occasion pour les intimider et les blesser. Plusieurs n'ont pas été renvoyés ni sanctionnés, car ils le faisaient en secret. Ils vivaient dans une société relativement fermée où d'autres faisaient les mêmes choses et personne ne se dénonçait. Les enfants avaient tellement peur… à qui auraient-ils pu se confier, de toute façon ?

Ça fait partie du cycle de l'abus. Ça leur donne l'impression que c'est de leur faute si ça leur arrive. Je suis persuadée que certains de ces enfants ont été manipulés à penser ça. Il faut qu'on réfléchisse à la façon dont le projet officiel d'assimiler les Autochtones a été mené dans d'autres pays, aux cultures qui ont souffert et souffrent encore.

Aujourd'hui, c'est l'effet intergénérationnel qu'il faut tenter de comprendre. La grand-mère de Phyllis a été dans le système, puis ses enfants, puis leurs enfants après eux. On ne se rendait pas compte de ce qu'on leur enlevait. Comment peuvent-ils apprendre leur histoire quand elle leur a été arrachée ? Comment apprendre à être un parent quand on n'a pas de modèle ? Comment apprendre sa langue ? Comment la partager si on a été puni pour l'avoir parlée ? Fort heureusement, il y a des Anciens, qui sont encore en mesure d'enseigner la langue et la culture, mais ils ne sont pas immortels. On est en train de les perdre, et très rapidement. Une fois qu'on perd une chose ou que quelqu'un nous l'enlève, c'est très difficile de la récupérer.

C'est très triste quand on voit des jeunes Autochtones complètement coupés de leur culture. Je pense que le travail de Phyllis, celui de partager son histoire du chandail orange, aidera à conscientiser les enseignants, les parents et les enfants sur les pensionnats… J'espère que son histoire fournira également aux jeunes Autochtones un point de départ pour transformer leurs vies.

Le trauma des pensionnats est très profond, et comme les cercles concentriques qui se forment sur un lac dans lequel on aurait lancé une roche, son effet s'étend de plus en plus loin, touchant même les membres d'une famille qui n'ont pas eux-mêmes fréquenté ces écoles. Il est essentiel d'avoir une compréhension claire de l'histoire qui s'est déroulée tout près de nous, car nous sommes tous reliés d'une façon ou d'une autre.

Nous devons énormément aux Premières Nations, car elles ont enseigné aux nouveaux arrivants des techniques de survie : à chasser, à pêcher, à identifier les plantes et à se prémunir des périls saisonniers. Malheureusement, on les a remerciés avec la petite vérole, la rougeole, l'alcool et l'abus d'enfants, de femmes et d'hommes.

Il y a tant de Premières Nations qui cueillent encore des baies et des herbes, et qui pêchent et chassent encore comme le leur ont appris leurs Anciens. Je connais des personnes merveilleuses qui font des heures de route pour aller voir leurs parents et leurs grands-parents, et pour faire ces activités tous ensemble... Je leur souhaite d'avoir davantage d'occasions de prendre part à leur culture, de connaître et chérir ce que leurs parents et grands-parents leur ont appris.

« Le trauma des pensionnats est très profond, et comme les cercles concentriques qui se forment sur un lac dans lequel on aurait lancé une roche, son effet s'étend de plus en plus loin, touchant même les membres d'une famille qui n'ont pas eux-mêmes fréquenté ces écoles. Il est essentiel d'avoir une compréhension claire de l'histoire qui s'est déroulée tout près de nous, car nous sommes tous reliés d'une façon ou d'une autre. »

Phyllis Webstad, 6 ans, à la Mission Saint-Joseph.
Photographe inconnu

Phyllis Webstad, 8 ans, devant la réserve de Dog Creek
Photo d'Agness Jack.

Phyllis Webstad et Agness Jack tenant les poissons
qu'elles ont attrapés dans la rivière Fraser.
Photo de Vera Camille.

Phyllis Webstad, 9 ans, à Victoria, C.-B. C'était son premier départ de la réserve Dog Creek depuis son passage au pensionnat Mission Saint-Joseph, à l'âge de 6 ans.

Photo d'Agness Jack.

Rose Wilson, la mère de Phyllis, sur le terrain de jeu à la Mission Saint-Joseph.
Photographe inconnu

Agness Jack, la tante de Phyllis.
Photo de Phyllis Webstad.

Helena (Lena) Jack, la grand-mère de Phyllis, dans son jardin.
Photo de Vera Camille.

Gran Lena, 66 ans, avec Jeremy, 4 ans.
Photo d'Agness Jack.

Gran Lena avec bébé Jeremy Boston. C'est elle qui a fabriqué le panier.
Photo de Phyllis Webstad.

L'école primaire de Dog Creek, l'école de rang où Phyllis
est allée après son année à la Mission St. Joseph's.
Photo de Louise Harry.

De gauche à droite, Phyllis Webstad, Gran Lena Jack et Jeremy Boston.
Photo d'Agness Jack.

De gauche à droite, de haut en bas : Jeremy Boston, Phyllis Webstad,
Rose Wilson, Gran (Lena) avec bébé Blake Murphy dans ses bras. Cinq
générations réunies.
Photographe inconnu.

Phyllis Webstad à 21 ans, avec son père John Butt (à gauche) et son frère Buddy Butt (à droite) qui se sont rencontrés pour la première fois cet été-là. Photo de Jeremy Boston, 1988.

Phyllis Webstad, 13 ans, avec son nouveau-né Jeremy.
Photo d'Agness Jack.

Agness Jack et Jeremy Boston.
Photo de Phyllis Webstad.

Theresa Jack (arrière). Première rangée, de gauche à droite, la cousine de Phyllis, Rose Jack, Lena Jack, Rose Wilson et Phyllis avec de la gomme à mâcher. Le chien s'appelle Toffee.
Photo d'Agness Jack.

De gauche à droite, Gran Lena, sa sœur Felicia Harry, Vicky Tommy et son mari Moses.
Photo d'Agness Jack.

Phyllis Webstad et son mari Shawn Webstad.
Photo de Shelley Webstad.

Phyllis Webstad petite dans la cuisine de sa grand-mère, endormie sur son tracteur bien-aimé.
Photo d'Agness Jack.

La maison de Gran, qui a été construite sur la réserve de Dog Creek par le département des Affaires indiennes en 1965. C'est là qu'est née Phyllis Webstad, en 1967.
Photo d'Agness Jack.

Phyllis (à droite) avec son enseignante du primaire Lynn Eberts au lancement du livre *The Orange Shirt Story*.
Photo de Teddy Anderson.

De gauche à droite : Elsie Murphy, Ron Murphy, Shawn Webstad, Phyllis Webstad, Hailey Murphy (la petite devant Phyllis), Jack Walker, Rose Wilson, Jeremy Boston, Dawn Murphy, Evie Murphy, Adam Murphy, Mason Murphy, Blake Murphy et Agness Jack.
Photo de Danielle Shack.

Barb Wycotte (à gauche) avec Phyllis Webstad (à droite) à la Mission Saint-Joseph.
Photographe inconnu.

Phyllis Webstad, 14 ans, et son fils Jeremy Boston.
Photo d'Agness Jack.

Arrière-grand-mère Suzanne Edward Jim, à l'extérieur du magasin à Dog Creek.
Photo de Hilary Place

Theresa Jack, 71 ans, pêchant à l'épuisette dans la rivière Fraser.
Derrière elle, il y a un bol à poissons construit avec des pierres.
Photo de Sarah-Lee Philbrick.

Épuisette traditionnelle utilisée pour pêcher le saumon. Les premières épuisettes étaient construites en bois.
Photo de Sarah-Lee Philbrick.

L'oncle de Phyllis, Raymond Jack, en train de fabriquer une épuisette traditionnelle.
Photo de Phyllis Webstad.

Saumon attrapé, nettoyé et suspendu à sécher de façon traditionnelle au camp de pêche de la famille de Phyllis Webstad au bord de la rivière Fraser.
Photo de Sarah-Lee Philbrick.

Une vue de la rivière Fraser près de Dog Creek.
Photo d'Angie Mindus.

Phyllis Webstad avec sa fleur préférée, la fleur de cactus (oponce fragile), qui pousse à l'état sauvage sur la réserve de Dog Creek. Photo de Shawn Webstad.

« *La fleur de cactus symbolise l'amour maternel. Il peut tout endurer et s'épanouir dans les pires conditions, et symbolise donc l'amour inconditionnel d'une mère. Au printemps, après les pluies, la fleur de cactus fleurit abondamment sur la réserve de Dog Creek et sur les rives de la rivière Fraser. Et tout comme nos ancêtres avant nous, nous continuerons de cueillir et de prospérer sur nos terres, en nous élevant au-dessus de la tempête pour revendiquer et retrouver notre mode de vie pour les générations futures. Nous continuerons à pêcher le saumon dans la rivière, nous continuerons à parler notre langue et à pratiquer notre culture, et nous n'oublierons jamais qui nous sommes. Nous demeurons résilients.* »

~ Phyllis Webstad

Le pensionnat Mission Saint-Joseph

Les pensionnats canadiens étaient le fruit d'un partenariat entre les groupes missionnaires de l'Église et le gouvernement fédéral. Le gouvernement finançait et régulait les écoles, tandis que les missionnaires de l'Église assuraient leur fonctionnement. Les pensionnats étaient un outil important pour le gouvernement canadien, qui souhaitait assimiler les Autochtones pour les intégrer dans la société blanche dominante. L'objectif était de contraindre les Autochtones à délaisser leur culture, leur spiritualité, leur langue, leurs valeurs et leur gouvernance traditionnelle, et de se fondre dans la société blanche. Si elle avait réussi, cette assimilation aurait permis au gouvernement de se défaire de ses engagements légaux et financiers envers les Premières Nations et aurait accordé aux colonisateurs le contrôle des terres et des ressources autochtones.

L'objectif des missionnaires était de remplacer les croyances et les pratiques autochtones par celles de la chrétienté, les valeurs européennes et une vie sédentaire fondée sur l'agriculture. Les missionnaires se sont adonnés à leur tâche avec ferveur et sans grande compensation monétaire, car ils croyaient ainsi remplir leur devoir sacré de chrétiens. Tant l'Église comme le gouvernement considéraient que la culture euro-canadienne était supérieure à celle des Autochtones, qu'ils considéraient comme « enfantins » et incapables de prendre de bonnes décisions pour eux-mêmes et pour leurs enfants.

Le gouvernement et les groupes religieux ont conclu, après que d'autres approches ont échoué, que l'assimilation pouvait seulement s'accomplir en isolant les enfants autochtones de l'influence de leurs parents à partir d'un jeune âge et en leur imposant un style d'enseignement rigoureux de style européen pendant plusieurs années. Le système canadien des pensionnats a été établi pour accomplir cela, et les premiers pensionnats ont été mis sur pied en 1883. Au départ, il était facultatif de les fréquenter, mais après la révision de la Loi sur les Indiens en 1894, c'est devenu obligatoire pour tous d'y passer la majeure partie de l'année, sous peine d'amendes imposées aux parents ou de leur emprisonnement.

La Mission Saint-Joseph a été établie en 1867 par les Missionnaires Oblats de Marie Immaculée, une congrégation catholique française qui a acheté des terres près de Williams Lake, en

Colombie-Britannique. Le lieu a été choisi en partie en raison de sa prox-imité à trois Nations : Secwépemc (Shuswap), Tsilhqot'in (Chilcotin) et Dakelh (Carrier). Après avoir acquis davantage de terres par préemption et par l'achat, la Mission est devenue un ranch productif, un pied à terre pour les visites des missionnaires dans les communautés autochtones de la région, et une école pour enfants blancs et métis.

L'école de jour de la Mission a connu des ennuis financiers, et en 1891, elle a été remplacée par un pensionnat pour enfants autochtones seulement. Celui-ci recevait un financement fédéral annuel, mais insuff-isant pour assurer une éducation de qualité, le soin des enfants et l'entretien des installations. L'école recevait des enfants des trois nations voisines, ainsi que de la Nation St'at'imc (Lillooet). La plupart des élèves étaient secwépemc. Seulement certains Tsilhqot'in y étaient allés avant les années 1930. Au cours de la première année, il y a eu onze garçons, mais dès 1950, il y en avait plus de 300. Avant 1953, l'éducation dispensée comportait des demi-journées de cours, principalement pour préparer les garçons au travail agricole et les filles au travail domestique, et des demi-journées de travail industriel, dont les revenus servaient à financer l'école. Une fréquen-tation à l'année était requise afin que les Oblats reçoivent la totalité de leur financement gouvernemental. Leur cursus était conçu pour préparer les élèves à un travail manuel mal rémunéré seulement, et ne répondait pas aux normes des écoles pour enfants blancs.

Les méthodes d'enseignement à la Mission exigeaient une obéis-sance aveugle, une stricte discipline et une communication exclusivement en anglais. Ceux qui désobéissaient étaient soumis à des punitions sévères. La faim était chose commune, la nourriture était souvent mauvaise, et les maladies étaient omniprésentes dans ces édifices mal bâtis. Les écoles visaient à écraser la fierté des élèves à l'égard de leur patrimoine, de leur famille et d'eux-mêmes. Ils étaient victimes d'abus de toutes sortes. Le taux de mortalité était élevé, et les corps n'étaient pas restitués à leurs parents. Des uniformes ternes étaient distribués pour empêcher les enfants de se sentir fiers de leurs habits. Les méthodes d'enseignement et les conditions de vie étaient radicalement différentes de ce que connaissaient les jeunes à la maison, et plusieurs d'entre eux s'enfuyaient.

En 1945, l'école a été déclarée à haut risque d'incendie, et en 1952, le dortoir des garçons a entièrement brûlé immédiatement après la construction d'un nouvel édifice pour les salles de classes. En 1964, l'école a été placée sous la tutelle du département des Affaires indiennes. Les Oblats remplissaient désormais des rôles de conseillers, et non plus d'enseignants. Vers la fin des années 1970, les élèves vivaient au pensionnat, mais étaient pour la plupart reconduits dans des écoles publiques à bord d'autobus. Le pensionnat a fermé ses portes en 1981, et les locaux ont brièvement servi de bureaux pour le Conseil de bande, puis de centre de formation pour adultes. Malgré les tentatives acharnées déployées par les Secwépemc pour acquérir les anciennes terres de l'école aux mains des Oblats, le terrain a été vendu à un ranch à la fin des années 1980. Le bâtiment principal a été démoli par les nouveaux propriétaires sur une période de plusieurs années, du milieu à la fin des années 1990.

Nous remercions Ordell Steen, Jean William et Rick Gilbert pour leur contribution, qui nous a permis de vous présenter cet historique.

Vue intérieure de la chapelle sur le terrain du pensionnat Mission
Saint-Joseph.
Photo gracieuseté du Fonds Deschâtelets, Archives Deschâtelets-NDC.

Photo de classe de la Mission Saint-Joseph, aussi connue sous le nom de pensionnat indien de Cariboo. Rose Wilson, la mère de Phyllis Webstad, est assise dans la première rangée, la 5e à partir de la gauche. Vers 1962.
Photographe inconnu.

Photo de groupe prise à la Mission Saint-Joseph. L'on suppose que Gran (Lena) figure sur cette photo et qu'elle a été prise entre 1925 et 1935.
Photographe inconnu.

Photo du pensionnat Mission Saint-Joseph, prise en 1975.
Photo de Dave Abbott.

Vue du campus de la Mission Saint-Joseph et de ses élèves.
Photo courtesy of Fonds Deschâtelets, Archives Deschâtelets-NDC.

Vue intérieure des dortoirs de la Mission Saint-Joseph avec les élèves
en train de faire la prière obligatoire.
Photo courtesy of Fonds Deschâtelets, Archives Deschâtelets-NDC.

Photo du pensionnat Mission Saint-Joseph après sa fermeture en
1981.
Photo by John Dell.

Plus de livres sur la journée du chandail orange

à Medicine Wheel Publishing

ISBN : 9781778540042

ISBN : 9781989122006

ISBN : 9781989122488